Carmen Schoen

Führung für Rechtsanwälte

Herausgeber:
SCHOEN Managementberatung

Bibliografische Information der
Deutschen Nationalbibliothek: Die Deutsche
Nationalbibliothek verzeichnet diese
Publikation in der Deutschen
Nationalbibliografie; detaillierte
bibliografische Daten sind im Internet
über http://dnb.dnb.de abrufbar.

© 2018 Ass.iur. Carmen Schön

Umschlagdesign: Manfred Gerlach
Herstellung und Verlag: BoD -
Books on Demand, Norderstedt

ISBN: 9-783752-892185

Kapitel 1

Führung als wichtiger Erfolgsfaktor für Ihre Geschäftsentwicklung 11

Kapitel 2

Experte UND Führungskraft - So erweitern Sie Ihre Rolle als Rechtsanwalt 29

Kapitel 3

Was macht eine gute Führungskraft aus? 37

Kapitel 4

Vor- und Nachteile der Führungsstile und welcher zu Ihnen passt 44

Kapitel 5

Die wichtigsten Führungswerkzeuge für Rechtsanwälte 55

Kapitel 6

Führen unter Stress 86

- Wie der Körper auf Stress reagiert 86
- Sich selbst herunterregulieren 88
- Training gewisser Abläufe 89
- Realität und Ressourcen wahrnehmen 90
- Notfallplan und das Team vorbereiten 90

Kapitel 7

Typische Führungssituationen in Kanzleien 93

- Die erwartete Leistung wird nicht erbracht 93
- Die Atmosphäre im Team ist schlecht 98

Kapitel 8
Don`ts in Sachen Führung 101

Kapitel 9

Führung der Generation Y - Ist das wirklich so anders? 109

Kapitel 1

Führung als wichtiger Erfolgsfaktor für Ihre Geschäftsentwicklung

Ohne Führung keine guten Mitarbeiter und ohne diese auch keine Möglichkeit, das eigene Geschäft weiter auszubauen. Dieses ist nur ein guter Grund, sich mit dem Thema Führung zu beschäftigen.

Das Thema Führung hat gerade in Anwaltskanzleien in der letzten Zeit an Bedeutung gewonnen. Wurde Führung oftmals als so genannter Soft Skill nicht wirklich ernst genommen, mutiert er mittlerweile zum Hard Skill Faktor. Partner, die Associates nicht professionell führen, verlieren diese vermehrt an andere attraktive Arbeitgeber. Nicht nur Generation Y erwartet heute von einem attraktiven Arbeitgeber eine transparente und professionelle Führung sowie eine passende Karriereförderung. Auch die „älteren" Berufsträger achten vermehrt darauf, in welcher Art und Weise ihr Vorgesetzter mit ihnen umgeht und „trauen sich", Wünsche und Bedürfnisse zu kommunizieren.

Führungskräfte neigen dazu, den eigenen Anteil bei Fehlverhalten der Mitarbeiter zu negieren. Mehr noch: Sie kommen oft gar nicht auf die Idee, dass dieses etwas mit ihnen selbst zu tun haben könnte. Entsprechend selten fragen sie sich zum Beispiel:

- **Was habe ich unternommen, dass sich mein Mitarbeiter anders als erwartet verhält?**

- **Oder: Zeigen meine Mitarbeiter so wenig Eigeninitiative, weil ich sie weitgehend mit Anweisungen führe?**

Das heißt: Viele Führungskräfte sind sich der Wechselwirkung von Kommunikation nicht ausreichend bewusst. Dieses Bewusstsein gilt es zu fördern, damit in der Kanzlei eine Kultur der Selbstverantwortung und wechselseitigen Kooperation entstehen kann. Um es deutlich an dieser Stelle noch einmal auszudrücken: Eine solche (Führungs-)Kultur zu entwickeln, ist eine nicht delegierbare Managementaufgabe. Denn sie entscheidet künftig weitgehend über den Erfolg der Kanzlei.

Beispiel:

Rechtsanwalt Tanner ist Partner in einer Bremer Kanzlei. Er ist von seinen Mitarbeitern gebeten worden, mehr zu führen. Herr Tanner weiß überhaupt nicht, was damit gemeint ist. Schließlich ist er Anwalt und muss dafür sorgen, dass genügend Mandate vorhanden sind und diese professionell bearbeitet werden. Es bleibt keine Zeit, sich nun auch noch mit einem Thema zu beschäftigen, in dem er nicht Experte ist.

Er möchte das Thema aber nicht auf sich beruhen lassen, um keinen Fehler zu machen. Anscheinend braucht sein Team irgendetwas in Sachen Führung. Seine Idee ist daher, dass er diese Aufgabe an die neue Personal Abteilung delegiert. Soll sie sich doch damit beschäftigen, immerhin weiß man dort wahrscheinlich auch, was mit Führung überhaupt gemeint ist.

Herr Tanner bittet Herrn Maurer, den Leiter der Personal Abteilung in sein Büro, und unterrichtet ihn davon. Herr Maurer läßt es sich zwar nicht anmerken, aber er ist schockiert. Was genau soll er denn tun? Hat Herr Tanner nicht verstanden, dass Führung nicht delegierbar ist? Wie soll er es ihm behutsam mitteilen, ohne gleich seinen Job zu verlieren? Denn Herr Tanner neigt manchmal zu schnellen, emotionalen Entscheidungen, wenn ihm etwas nicht passt.

Herr Maurer hat eine andere Idee. Vielleicht sollte ein Coach in den kommenden Wochen Herrn Tanner begleiten und ihn bei den täglichen Führungsaufgaben unterstützen. So bekommt Herr Tanner ein Gefühl dafür, was genau Führung bedeutet und wie er dieses im Alltag umsetzen kann.

Führung ist erlernbar und daher gibt es (eigentlich) keinen guten Grund, sich nicht ab heute damit zu beschäftigen. Dennoch erlebe ich bei Anwälten Vorbehalte, das Thema auf die tägliche Agenda zu nehmen. Folgende Gründe werden angeführt:

- **Führung wird nicht als „harter" Erfolgsfaktor wahrgenommen**

- **Führung wird als nicht erlernbar empfunden oder man möchte sich nicht mit diesem Thema weiter beschäftigen**

- **Die eigenen Führungqualitäten werden als ausreichend erachtet**

- **Man selbst ist auch nicht geführt worden und hat trotzdem Erfolg im Job - warum sollte es den Mitarbeitern also anders ergehen?**

- **Führung wird als unvereinbar mit dem Bild des Freiberuflers empfunden**

- **Der Anwalt ist der Meinung, dass intelligente Menschen (Associates) nicht geführt werden müssen, Führung sogar ablehnen und als Einschränkung wahrnehmen**

- **Man weiß nicht genau, wie man führen soll und möchte sich nicht die Blöße geben, dieses offen auszusprechen**

- **Es fehlt im Alltag die Zeit für Führung, insofern lohnt sich das Erlernen der Führungswerkzeuge gar nicht, da man sie sowieso nicht anwenden kann**

Reflektieren Sie bitte kurz, was Sie selbst über Führung denken und ob Sie sich in einem der beschriebenen so genannten „hindernden" Glaubenssätze wiederfinden. Wenn ja, dann gilt es, daran zu arbeiten oder aber einen fördernden Glaubenssatz zu finden, der wesentlich stärker ist und das Hindernis in den Hintergrund rücken läßt.

Soviel zu den Hindernissen, die dazu führen können, dass Sie sich nicht mit dem Thema beschäftigen.

Wenden wir uns aber gleich der anderen Seite zu. Was gewinnen Sie ganz genau durch aktive und professionelle Führung? Und wie wirkt sich aktive Führung auf Ihre Geschäftsentwicklung aus? Denn eines ist klar, Führung wird für die meisten von Ihnen nicht das nächste großes Hobby werden, sondern ein passendes und erfolgreiches Mittel, um Ihren Geschäftsbereich weiter auszubauen.

Ein attraktiver Arbeitgeber sein und Mitarbeiter binden

„The war for talents" führt dazu, sich als Anwalt zunehmend Gedanken darüber machen zu müssen, wie man High Potentials findet und an sich bindet. Geld und Statussymbole scheinen immer weniger erfolgsversprechend zu sein und verfallen für viele Menschen in ihrer Wertigkeit. Es vergeht keine Woche, in der ich nicht mehrere Anrufe unzufriedener Associates erhalte, die ihre Kanzlei verlassen möchten.

Einer der häufig genannten Gründe ist das mangelnde Führungsverhalten des Partners in dem jeweiligen Praxisgruppenbereich. Die Kommunikation ist unzureichend, Konflikte und Versprechen werden nicht gelöst und eingehalten. Die versprochene Karriereplanung findet gar nicht statt. Die Partner scheinen diese Unzufriedenheit nicht wahrzunehmen oder über diese einfach hinwegzugehen. Vielleicht ist der ein oder andere Abgang eines Associates in der Kanzlei auch durchaus gewollt und man möchte ihn nicht aufhalten. Ich erlebe aber auch viele Partner, die Associates zum falschen Zeitpunkt verlieren oder High Potentials, die sie eigentlich binden wollten.

Beispiel:

Frau Fritz ist seit sechs Monaten in einer Großkanzlei angestellt. Da sie bundesweit die beste Absolventin im zweiten Staatsexamen ist, sind ihr die Angebote nur so „zugeflattert". Sie hat sich für eine Praxisgruppe entschieden, die sich inhaltlich mit Themen beschäftigt, in der sie sich auch zukünftig sieht. Die Kanzlei zahlt sehr gut. Mittlerweile ist sie aber nicht mehr sicher, ob diese Entscheidung wirklich richtig war. Sie sieht ihren Chef kaum und sitzt stundenlang über Gutachten. Aktive Ausbildung hat sie sich ganz anders vorgestellt. Da kann auch das Gehalt nicht wirklich überzeugen. Sie hat versucht, mit dem Partner darüber zu sprechen, der aber die Termine immer wieder verschiebt.

Frau Fritz spielt mit dem Gedanken, die Kanzlei nach nur sechs Monaten zu verlassen. Das nächste Mal ist sie schlauer. Sie wird sich nicht mehr vom hohen Gehalt blenden lassen, sondern schon im Bewerbungsgespräch schauen, ob die sonstigen gegenseitigen Erwartungen aneinander stimmig sind.

Möchten Sie weiterhin ein attraktiver Arbeitgeber sein und auch die jüngere Generation ansprechen, die mit anderen Werten in den Job starten, als die heute 40 oder 50jährigen Anwälte? Dann ist es Ihre Pflicht, Ihr eigenes Führungsverhalten zu reflektieren und dort zu optimieren, wo es nicht die Erwartungshaltung der Mitarbeiter trifft.

Aber nicht nur für das Binden von Mitarbeitern ist ein professionelles Führungsverhalten wichtig. Im Bewerbergespräch wird sich der Kandidat von Ihnen als Partner ein Bild machen und erste Signale deuten, wie der Berufsalltag mit Ihnen wohl ablaufen wird. Auch wenn Sie dort Ihre Führungsqualitäten im Gespräch nicht wirklich zeigen können, wird es erste Signale geben, die zeigen, ob Sie führen und was Sie unter Führung eines Associates verstehen. Und natürlich spricht es sich im Markt herum, wie Sie mit Mitarbeitern umgehen. Bewertungsportale wie kununu etc. werden von potentiellen Bewerbern studiert und negative Beschreibungen wahrgenommen.

Beispiel:

Rechtsanwältin Dr. Kob ist es wichtig, die eigenen Mitarbeiter zu führen. Hierzu hat sie bereits einen Kurs belegt und bildet sich auch sonst regelmäßig weiter. Sie selbst hatte das Glück, für einen Partner arbeiten zu dürfen, der sich sehr viel Zeit für sie genommen hat.

Allein diesem Umstand ist es geschuldet, dass sie heute Partnerin ist. Diese Erfahrung möchte Frau Dr. Kob gerne an ihre Mitarbeiter weitergeben. Sie ist in der Kanzlei dafür bekannt, dass ihre Mitarbeiter sehr loyal und treu sind. Wenn, was selten eintritt, ein Berufsträger das Team verläßt, um sich einer neuen beruflichen Tätigkeit als Unternehmensjurist oder Richter zuzuwenden, fließen sogar hin und wieder Tränen. Und:

Frau Dr. Kob bleibt mit ihren Mitarbeitern auch nach Verlassen der Kanzlei in Kontakt.

Das führt dazu, dass sie von den „Ehemaligen", die als Unternehmensjurist tätig sind, sehr viele Mandate zugespielt bekommt. Insofern eine perfekte win-win Situation für beide Seiten. High Potentials zu begeistern, ist für Dr. Kob kein großes Problem. Ihr Name hat sich unter den Referendaren herum gesprochen und so bekommt sie regelmäßig Initiativbewerbungen von guten Bewerbern.

Angesichts der aktuell sehr schwierigen Lage im Markt, gute Mitarbeiter zu bekommen, ist es sehr wichtig, einmal eingearbeitete Leistungsträger auch nachhaltig an sich und die Kanzlei zu binden. Jede Suche nach einem neuen Mitarbeiter kostet Zeit und Geld. Und auch die entsprechende Einarbeitung und das Fragezeichen, ob sich der Mitarbeiter entsprechend positiv entwickeln wird, ist ein Risiko. Vielleicht haben Sie diese Situation als Partner auch schon mehrfach selbst erlebt. Sie bilden Associates mehrere Jahre aus und können endlich Projekte an diese delegieren, und dann entscheidet sich der ein oder andere - für Sie „aus heiterem Himmel" - die Kanzlei zu verlassen.

Für Sie als Arbeitgeber und Partner ist es sehr wichtig zu wissen, wie Mitarbeiter Sie wahrnehmen und wie die Zusammenarbeit und Karriereförderung empfunden wird. So genannte „blinde Flecken" oder auch das Auseinander fallen von Ihrem Selbst- und Fremdbild kann bitter sein und Ihre Geschäftsentwicklung massiv beeinträchtigen.

Beispiel:

Rechtsanwalt Brinkmann ist verzweifelt. Seit einigen Monaten sucht er nun schon zwei Associates im Bereich Gesellschaftsrecht. Hierzu hat er die interne Personal Abteilung gebrieft und auch mit zwei Headhuntern gesprochen. Leider gibt es auch nach drei Monaten immer noch kein positives Ergebnis. Er kann sich gar nicht erklären, warum es so schwer sein soll, diese Mitarbeiter zu finden. Insgeheim hat er ja den Verdacht, dass die interne Personal Abteilung einfach zu wenig dafür tut und seine Suche nicht als oberste Priorität behandelt wird. Er hält sowieso gar nichts von dieser Abteilung, die einfach nicht ihren Job zu machen scheint. Nun hat er „zwischen den Zeilen" bei einem Mittagessen mit einem Partnerkollegen gehört, dass sich Gesellschaftsrechtler durchaus in der Kanzlei bewerben. Nach Nennung seines Namens als Leiter der Practice Group machen die Bewerber aber immer wieder „einen Rückzieher". Angeblich, so hört er sehr erstaunt, möchten Associates nicht gerne für ihn arbeiten. Herr Brinkmann weiß zwar, dass es mit ihm nicht immer einfach ist. Das er aber so abschreckend als Chef ist, war ihm bis heute nicht bewusst.

Schlechte, aber auch gute Führung spricht sich am Markt schnell herum. In einer Zeit, in der die Höhe des Gehalts an Relevanz verliert, der Karrieretrack zur Partnerschaft für viele nicht mehr attraktiv ist und auch von Kanzleien nicht mehr versprochen werden kann, zählt die Arbeitsatmosphäre umso mehr. Wenn Sie nicht führen, werden Sie auch bei Mitarbeitern nicht besonders attraktiv sein.

Strategisch Nachwuchs aufbauen

Um Ihre Geschäftsentwicklung planbar zu gestalten ist es wichtig, auch Mitarbeiter Ressourcen in Ihre Strategie mit einzubeziehen. Ihre aktive Führung gibt Ihnen die Möglichkeit, gemeinsam mit Ihren Mitarbeitern Karrierewege und Optionen frühzeitig zu planen, Stärken der Mitarbeiter auszubauen und sich selbst ein realistisches Bild vom Potential der Associates zu machen.

So verhindern Sie ein „jähes Erwachen", wenn High Potentials Ihren Praxisgruppenbereich verlassen, auf die Sie eigentlich gesetzt hatten. Ziel ist es, so nah an den Mitarbeitern zu sein, dass Sie sich unmittelbar ein Bild von ihnen machen können. Ein einfaches, aber regelmäßiges Gespräch mit einem Associate baut schon Vertrauen auf und gibt Ihnen viele wertvolle Informationen, mit denen Sie (und der Associate) weiter arbeiten können.

Beispiel:

Rechtsanwältin Mosch hat eine bewegte Zeit hinter sich. Noch vor einem Jahr hätte sie gesagt, dass ihr Team bestens aufgestellt ist und alle fünf Associates nun endlich ein Niveau erreicht haben, das sie selbständig Mandate abarbeiten können und Frau Mosch entlasten.

Dann, vor nun acht Monaten, kam es anders als erhofft. Innerhalb weniger Wochen haben drei ihrer Associates ihr eröffnet, sich beruflich anders orientieren zu wollen. Alle drei hatten auch bereits schon einen anderen Arbeitsplatz und es war nicht mehr möglich, diese zu einem Verbleib in der Kanzlei zu bewegen. Einer der Associates hat sich nach intensiver Fragerunde von Frau Mosch bereit erklärt, ihr ein Feedback zu geben, und ihr erläutert, warum so viele Mitarbeiter sich verändern möchten.

An diesem Feedback hat Frau Mosch noch heute zu arbeiten. Ihr Mitarbeiter eröffnete ihr, dass es in der Abteilung seit zwei Jahren so gut wie keine Kommunikation und Austausch gegeben hätte. Frau Mosch habe sich an internen Treffen des Teams nicht gehalten und diese immer wieder ausfallen lassen. Auch die eigentlich vorgeschriebenen Mitarbeiterjahresgespräche hätten nicht stattgefunden. Jeder im Team habe sich als Einzelgänger gefühlt und so wären viele Associates nur so lange geblieben, bis sich auf dem Markt eine bessere Alternative gezeigt hätte.

Durch mangelnde Führung, insbesondere fehlender Austausch über die Karrierevorstellungen Ihrer Mitarbeiter, verfügen Sie über kein klares Bild, mit welchem Mitarbeiter Sie kurz, mittel und langfristig rechnen können. Den ein oder anderen Abgang kann man sicher verkraften oder dieser ist sogar gewünscht. Wenn sich aber mehrere Mitarbeiter zum gleichen Zeitpunkt auf den Weg machen, kann das für Sie fatale Auswirkungen haben. Es entstehen Kapazitätsengpässe, die Sie als Partner auffangen müssen. Das widerum hindert Sie daran, mit dem Team zu wachsen, Themen und Projekte an das Team zu delegieren und sich um Geschäftsentwicklung zu kümmern.

Projekte effizient(er) bearbeiten

Führung, regelmäßige klare Kommunikation und Koordination des Teams hat noch einen weiteren Mehrwert. Projekte des Mandanten werden effizienter bearbeitet.

Das ist nicht nur für Sie und das Team angenehm, sondern auch ein großes Plus im Mandantenkontakt. Jeder Anwalt sucht heutzutage nach einem Mehrwert, den er gegenüber seinem Mandanten kundtun kann.

Hier ist er: Seien Sie eine professionelle Führungskraft und lassen es dem Mandanten im Projekt spüren, indem die Zusammenarbeit im Team optimal verläuft.

Beispiel:

„Es ist manchmal einfach zum Verzweifeln", denkt Rechtsanwalt Walz. Schon wieder ist es in einem größeren Mandat vorgekommen, dass sich das interne Anwaltsteam, bestehend aus fünf Personen, nicht richtig koordiniert hat. Die aktuellen Stunden, die im Mandat angefallen sind, kann er dem Mandanten in dieser Höhe auf gar keinen Fall in Rechnung stellen, obwohl sie entstanden sind. Er versteht das einfach nicht. So schwer kann es doch wohl nicht sein, sich untereinander abzusprechen und Aufgaben zu koordinieren. Er sieht das eindeutig als Pflicht der Associates an und hat weder Lust noch Zeit, sich nun auch noch mit diesen Aufgaben zu beschäftigen.

Und auch der Mandant ist unzufrieden. Gerade heute hat er angerufen und sich über die parallelen und ineffizienten Prozesstrukturen aufgeregt. Herr Walz kann ihn sogar verstehen, von außen betrachtet läuft das Team wirklich nicht „rund".

Der Markt spiegelt es uns wieder. Mandanten steigen tiefer in die Prozesstruktur der Mandate ein, um Optimierungspotential zu erfassen. Denn ineffektive und ineffiziente Projektarbeit ist teuer. Und da es um Kostensenkung geht, steht die Arbeitsweise besonders der Anwälte im Fokus.

Aufgabe des Partners ist es, das Anwaltsteam in die Lage zu versetzen, Projekte bestmöglich abzuarbeiten. Dieses gelingt nur dann, wenn der Partner oder ein anderer Verantwortlicher die Führung dafür übernimmt. Aber genau das ist nicht immer der Fall. Die heiklen Themen und Probleme der internen Organisation werden zu spät erkannt und angesprochen.

Mitarbeiterleistung steigern

Beispiel:

Rechtsanwalt Dr. Schmidt ist Partner in einer Frankfurter Großkanzlei. Er beschäftigt fünf Associates auf unterschiedlichem Senioritätslevel. Da viele Berufsträger seinen Bereich nach einigen Jahren wieder verlassen, investiert er so wenig Zeit wie möglich in den Kontakt zu ihnen. Auch von sozialen Events wie „zusammen mal ein Bier trinken gehen" oder „Kanufahrten als Teambuilding" im Rahmen eines Sommerevents hält er wenig.

Er ist der Meinung, dass alle alt genug sind, sich selbst zu organisieren und zu entscheiden, wieviel Zeit sie mit den Kollegen verbringen möchten. Entweder entsteht dann mehr Zusammenhalt oder man konzentriert sich auf die berufliche Zusammenarbeit. Was soll er von außen künstlich versuchen, Teamgeist einzubringen?

Er hat als Associate so etwas auch nie erlebt und war darüber nicht unglücklich. Wenn es sein muss, dann werden alle Mitarbeiter auch gut zusammenarbeiten. Davon ist er fest überzeugt. Hinzu kommt, dass er selbst sich am wohlsten am eigenen Schreibtisch fühlt, ohne dass er andere Menschen unterhalten muss. Seine Mitarbeiter werden ganz sicher bemerken, wenn er ein Teamevent veranstaltet, hinter dem er eigentlich nicht steht. Da kann er doch nur verlieren.

Eigentlich wäre auch für ihn alles in Ordnung, wenn er nicht seit einiger Zeit das Gefühl hätte, dass seine Associates sich viel weniger in den Projekten engagieren, als diese es für seine Kollegin Frau Dr. Meier tun. Die Mitarbeiter von Frau Dr. Meier machen freiwillig gerne und „ohne Murren" sehr viel mehr Überstunden, als sein Team bereit ist. Dieser Vergleich macht ihn mehr als unzufrieden.

Um diesem Thema auf den Grund zu gehen, engagiert Dr. Schmidt einen externen Coach, um die mangelnde Leistungsbereitschaft seiner Mitarbeiter zu verstehen. Als die Associates von Dr. Schmidt von dem externen Coach befragt werden, ob auch sie den Eindruck haben, sich nur so weit in den Mandaten zu engagieren, wie nötig, wird dieses eindeutig bejaht. Zwischen den Zeilen wird deutlich, dass die Associates in all den Jah-

ren der Zusammenarbeit keine persönliche Beziehung zu Dr. Schmidt aufgebaut haben und er ihnen letztlich fremd geblieben ist. Daher sieht keiner die Notwendigkeit, aus persönlicher Verbundenheit mehr zu tun, als unbedingt nötig ist.

Natürlich leisten die meisten Associates (gerade in dem kompetitiven Umfeld einer renommierten Kanzlei) kraft Natur der Sache sehr viel und engagieren sich in den Projekten. Häufig ist bei den so genannten Leisungsträgern schon der eigene Ansporn, das Projekt so gut wie möglich abschließen zu wollen, vorhanden. Ohne diese intrinsische Energie ist das Berufsbild eines Anwalts nicht auszufüllen. Zusätzlich möchte man sich als junger Anwalt und Einsteiger nicht gleich Karrierechancen nehmen und gibt daher am Anfang erst einmal „alles".

Und dennoch ist klar zu beobachten, dass über diese Leistung hinaus, Associates viel mehr bereit sind, in Engpässen und Notfällen einzuspringen, wenn es eine persönliche Verbundenheit mit dem Vorgesetzten gibt. Man unterstützt und hilft Menschen, denen man nahe steht, die man mag und mit denen man regelmäßig im engen Kontakt ist.

Professionelle und nachhaltige Führung steigert auch die Zufriedenheit des Mitarbeiters, das Team wächst zusammen und alle sind sich verbunden. Dieser positive Spirit beeinflusst das Arbeitsergebnis unmittelbar. Gedanken fließen freier, das persönliche Engagement ist größer und man steht gerne für die anderen Teammitglieder ein. Erinnern Sie sich an ein Mandat, in dem das Team so richtig gut zusammen passte und mit Energie und Kraft das Projekt bearbeitet hat? Wer also in einer angenehmen Teamatmosphäre arbeitet, wird auch seine Spitzenleistung abrufen können (und wollen). Mitarbeiter fühlen sich stärker und wissen, die Führungskraft gibt ihnen Halt und steht zu ihnen.

Die Berufsträger und natürlich auch das Sekretariat trauen sich, mutig zu sein, auch einmal neue, kreative Wege in der Beratung zu gehen und fühlen sich insgesamt dem eigenen Arbeitsergebnis näher. Diese hohe Identifikation schafft vertiefte Bindung und empfundene Loyalität.

Mehr Zeit gewinnen

Beispiel:

Rechtsanwalt und Steuerberater Müller arbeitet rund um die Uhr. Auf seinem Schreibtisch türmen sich die Akten und jeden Tag kommen weitere Mandate hinzu.

„Das Geschäft läuft", so lautet die gute Nachricht. Es bleibt aber mittlerweile überhaupt keine Zeit mehr, sich aktiv um die Akquise und den Geschäftsaufbau zu kümmern. Schon seit zwei Jahren gibt es Projekte, die Herr Müller gerne im Markt vorstellen möchte. Aber daran ist aktuell überhaupt nicht zu denken. Mittlerweile stellt er seine eigene Arbeitsweise sehr in Frage. Möglicherweise müsste er mehre Aufgaben an sein Team delegieren. Leider fällt ihm dieses sehr schwer, da er nicht sicher ist, ob seine Mitarbeiter die Qualität abliefern, die er erwartet. Diese Situation frustriert Herrn Müller sehr. Ein Team zu leiten ist für ihn in Ord-

nung, wenn genug Platz bleibt, auch das eigene Geschäft auszubauen.

Viele Anwälte und Berater, die ich kenne, sehen es als große Herausforderung an, Aufgaben an das eigene Team konsequent zu delegieren. Als Hindernis werden Gründe genannt wie zum Beispiel:

- **Keine Zeit für die Delegation bzw. ein ausführliches Briefing**

- **Mangelnde inhaltliche Qualität des Associate bei der Bearbeitung der Mandate**

- **Fehlende Erfahrung des Associate in den fachlichen Aufgabenbereichen**

- **Eingeschränkte Verfügbarkeit des Associate in den kommenden Wochen oder Monaten, die jetzt schon abzusehen ist**

- **Ausdrücklicher Wunsch des Mandanten, das Mandat durch den Partner zu bearbeiten**

- **Eigenes fachliches Interesse des Partners an dem Mandat und der Überzeugung, es alleine am besten abarbeiten zu können**

- **Fehlende Konsequenz im Alltag (es wird nicht immer an Delegation gedacht)**

- **Ablenkungsverhalten, um sich nicht mit Managementaufgaben beschäftigen zu müssen, wie zum Beispiel Geschäftsentwicklung oder Führung**

Letztendlich ist es Ihre Entscheidung, was Sie wann an wen delegieren möchten. Alle oben genannten Gründe können ein tatsächlicher guter Grund sein, Aufgaben nicht zu delegieren. Dennoch sollten Sie sich immer wieder die Frage stellen, ob Sie daran interessiert sind, Zeit hinzuzugewinnen. Wenn ja, wird die konsequente Delegation einer der einzig möglichen Antworten darauf sein.

Kapitel 2

Experte UND Führungskraft - So erweitern Sie Ihre Rolle als Rechtsanwalt

Der erste Schritt auf dem Weg zu einer professionellen Führungskraft beginnt mit dem Rollenwechsel. Und hier gibt es schon die erste große Herausforderung für Anwälte zu meistern.

In Unternehmen dürfen die meisten Führungskräfte fachliche Aufgaben an das Team delegieren und schaffen sich so den Freiraum, sich mit den Personal- und Führungsthemen zu beschäftigen. Zumindest sieht dies der Idealfall so vor. Man gibt etwas ab und hat so den Platz, etwas Neues aufzunehmen. Leider sieht die Realität in Anwaltskanzleien anders aus.

Insofern ist die Führung in Unternehmen nicht komplett mit der Führung in Kanzleien zu vergleichen. Es bedarf anderer Strukturen und Maßnahmen, um Führung in den anspruchsvollen Anwaltsalltag einzubauen.

Eine neue Rolle kommt hinzu

Beispiel:

Rechtsanwältin Schmidt hat gerade einen Kurs zum Thema Führung gebucht. Da es kein spezielles Angebot für Rechtsanwälte gibt, hat sie sich für einen Kurs entschieden, der sich an Führungskräfte in Unternehmen richtet. Das wird schon kein so großer Unterschied sein, denkt sie. Als Vorbereitung des Kurses soll sie sich schon einmal mit ihren täglichen Aufgaben vertraut machen und sich das Ziel setzen, 40% ihrer heutigen Aufgaben an Mitarbeiter zu delegieren.

Frau Schmidt hat aktuell eine Mitarbeiterin mit zwei Jahren Berufserfahrung und eine weitere, die gerade vor drei Monaten ihr zweites Staatexamen gemacht hat. So sehr sie auch darüber nachdenkt, es fällt ihr nur wenig an Aufgaben ein, die sie ab sofort noch mehr an die beiden delegieren könnte.

Personell ist ihr Bereich so knapp besetzt, dass es klar ist, dass sie weiterhin zu fast 100% mit abarbeiten muss. Die klassische Delegation von Aufgaben, über die alle Führungsbücher für das Management sprechen, ist bei ihr aktuell gar nicht lebbar. Sie stellt sich daher ernsthaft die Frage, ob sie den richtigen Kurs belegt hat oder ob sie ein Training speziell für Rechtsanwälte benötigt.

Das Privileg, gewisse Aufgaben komplett zu delegieren, sieht die Anwaltskanzlei (meistens) nicht vor. Der

Partner bearbeitet auch als Führungskraft weiterhin viele Projekte, muss sich nun aber zusätzlich um Business Development (Geschäftsentwicklung) kümmern und soll dann auch noch Experte in Sachen Führung werden. Ehrlich gesagt, dass ist wirklich ambitioniert und setzt voraus, dass Sie über ein hervorragendes Selbst- und Zeitmanagement verfügen.

Auch wenn dieser Umstand den einen oder anderen Rechtsanwalt überfordert, ist das System zunächst nicht veränderbar. Sie tun gut daran, erst einmal die Vorgaben zu akzeptieren und sich Ihren individuellen Weg zu suchen. Es darf nie Ihre Ausrede sein, dass Ihre bestehende Struktur keine Möglichkeit bietet, zu führen. Dieses Wegdelegieren der Verantwortung ist nachvollziehbar und sicher auch schnell gemacht, qualifiziert Sie als Führungskraft aber keinesfalls. Sie sind für einen Bereich und Menschen verantwortlich und müssen Lösungen für anstehende Probleme finden. Ansonsten zeigen Sie, dass Sie sich auf der falschen Position befinden. Wer weiß, vielleicht gelingt es Ihnen später als Managing Partner auch einmal, über bestehende Arbeitsstrukturen vertieft nachzudenken und das ein oder andere zu verändern. Kommen wir aber zurück zum Rollentausch.

Sie nehmen also keinen Rollenwechsel als Führungskraft vor, sondern erweitern Ihre Rolle als fachlicher Experte und Geschäftsentwickler nun auch noch um die einer Führungskraft. Es kommt also etwas dazu und die Tätigkeit, die Sie bislang ausüben bleibt in vielen Bereichen erhalten. Es sei denn, Sie können ab sofort klarer an andere delegieren. Dies gilt erst einmal wahrgenommen zu werden und ich verstehe gut, wenn Sie sich mangels Zeit eine weitere Rolle als Führungskraft aktuell nur sehr schwer vorstellen können. Dennoch darf Ihre Antwort als Rechtsanwalt mit Personalverantwortung auf gar keinen Fall lauten, sich der neuen Aufgabe zu entziehen.

Wenn Sie also diese Rollenerweiterung mit einem „Ja" abnicken, dann stellt sich die Frage, ob Ihnen überhaupt bewusst ist, was die Aufgaben einer Führungskraft - im Vergleich zu einem reinen Experten - sind und ob Sie bereit sind, diese auch anzunehmen. Das werden Sie sicher nur dann tun, wenn Führung sich für Sie in den alltäglichen Aufgaben schnell „rechnet". Damit meine ist, dass durch den Einsatz von Führungswerkzeugen sich Ihre Arbeit schneller, angenehmer und erfolgreicher umsetzen läßt. Genau das sollte Ihr Maßstab sein.

Das sind die neuen Aufgaben

Auch wenn die Aufgabenbereiche von Ihnen unterschiedlich sein mögen, kann man grundsätzlich die Aufgaben eines Experten, auf die Sie sich bislang konzentrieren konnten, wie folgt beschreiben:

Rollenerwartung an einen Experten:

- **Status eines Wissensträgers**

- **Permanente fachliche Weiterentwicklung**

- **Bereitschaft, stets etwas Neues zu lernen**

- **Professionelle Abarbeitung von Fachfragen**

- **Leitung von Fachprojekten**

- **Guter Kollege und Teamplayer**

Rollenerwartung an eine Führungskraft:

- **Vision und Ziele erarbeiten**

- **Als gutes Vorbild vorangehen**

- **Mitarbeiter motivieren**

- **Mitarbeiter weiterbilden**

- **Karriere mit Mitarbeitern planen**

- **Kommunikation im Team sicherstellen**

- **Konflikte erkennen und lösen**

- **Sich als interessanter Arbeitgeber am Markt zeigen (Employer Branding)**

- **Sich frühzeitig um Nachwuchs kümmern**

Beispiel:

Rechtsanwalt Füll führt seit zwei Jahren ein Team, dass aus drei Associates und einer Sekretärin besteht. Der berufliche Alltag miteinander läuft mal mehr, mal weniger gut. Ein klassisches Führungstraining gab es in seiner Kanzlei nicht. Irgendwie ist er in die Führungsrolle reingerutscht

Gerade liest er eine Broschüre durch, die die Kanzlei zum Thema Führungsleitbild gedruckt und an alle Partner verteilt hat. Er nimmt dort das erste Mal in seinem Leben die Rollenerwartung an eine Führungskraft wahr. So lächerlich das vielleicht erscheinen mag, denkt er, ist diese Übersicht für ihn sehr wertvoll. Er hat sich noch nie so bewusst klar gemacht, was seine neue Führungsrolle eigentlich genau ausmacht und ertappt sich dabei, das er die meisten Stichpunkte gar nicht ausfüllt.

Er könnte noch viel besser darin werden, Mitarbeitern klare Ziele zu benennen und sich selbst und den anderen klar machen, wohin der Bereich sich eigentlich entwickeln soll. Auch achtet er nicht genug darauf, die Motivation seines Teams immer „oben" zu halten. Es gibt viele Wochen, in denen er einfach vor sich hin arbeitet und sich mehr mit seinen Akten, als Mitarbeitern beschäftigt.

Die Rollenerweiterung annehmen

Insofern stelle ich die erste Frage an Sie:

Sind Sie bereit - und ist es attraktiv für Sie - diese zusätzlichen neuen Aufgaben zu übernehmen? Sind die beschriebenen Aufgaben auch in Ihrer Kanzlei für Sie wichtig? Fehlen eventuell noch weitere Aufgaben, die Sie aufnehmen sollten? Wenn ja, welche sind das?

Wenn Sie die ersten beiden Frage eindeutig mit einem Nein beantworten, wird es schwierig sein, die eigenen Führungsqualitäten weiter zu entwickeln. Denn was nützt Ihnen das Wissen um die Führungstechnik, wenn es für Sie nicht attraktiv ist, diese auch auszuprobieren und umzusetzen?

In der Hoffnung, dass die meisten von Ihnen sich mit diesen Aufgaben aber identifizieren können, stellt sich nun die Frage, welche Fähigkeiten Sie benötigen, um Führung zu leben und wie Sie in Ihrer geringen Zeit die Möglichkeit finden, dieses auch umzusetzen. Ein kleiner Hinweis an dieser Stelle:

Fachliche Exzellenz, Intelligenz und das Wissen um die Techniken der Führung ist kein Garant dafür, eine gute Führungskraft zu sein.

Hinzu kommen sollte die Lust, die Aufgaben einer Führungskraft auch ausfüllen zu wollen, tägliches Training und den Mut, sich immer wieder Feedback zu holen, aus diesem zu lernen und sich weiter zu entwickeln.

Beispiel:

Rechtsanwalt August ist seit einem Jahr Partner und

führt ein Team, das aus acht Berufsträgern besteht. Er selbst ist ein Perfektionist und liest sich in jedes Thema akribisch ein.

Als die neue Führungsrolle auf ihn zukam, hat er sich mit vielen Büchern zu diesem Thema beschäftigt. Einmal gelesen, so denkt er, ist er nun Experte in diesem Bereich. Zumal er auch in der Bundeswehr viele Ausbildungen zu diesem Thema genossen hat. Irritierend ist es allerdings für ihn, dass Kollegen und Mitarbeiter immer wieder seine Art der Führung „zwischen den Zeilen" kritisch ansprechen. Er bleibt aber dabei, er kann „Führung" und ist nicht bereit, an diesem Thema in seinem fortgeschrittenen Alter zu arbeiten.

Kapitel 3

Was macht eine gute Führungskraft aus?

Was für Eigenschaften und Verhaltensweisen sind es aber genau, die eine Führungskraft „besonders" machen? An welchen Attributen sollten Sie arbeiten und welche zahlen sich auch für Sie im Alltag aus?

Gestalterische Verantwortung übernehmen

Beispiel:

Rechtsanwältin Marie fühlt sich wie befreit. Jahrelang hat sie als Associate in Kanzleien einem Partner zugearbeitet. Grundsätzlich war das für sie in Ordnung. Sie durfte viel lernen und hatte in den meisten Fällen viel Glück mit ihren Vorgesetzten. Allerdings hat es sie immer gestört, nur sehr begrenzt Einfluss auf Prozessabläufe in Praxisgruppen und Mandate nehmen zu können. Sie ist schon immer ein sehr visionärer und umsetzender Mensch gewesen, der Ideen hat und diese dann auch verwirklichen möchte. Anfangs hat sie diese Eigenschaft auch als Associate gelebt und ist dann schnell von ihrem Vorgesetzten gestoppt worden. Dieser hat es gar nicht geschätzt, dass sie Arbeitsabläufe und Mandantenpflege verändern wollte. Sie hatte noch nicht einmal die Möglichkeit, ihrem Chef zu erklären, was genau er an Zeit dadurch gewinnen würde und wie er seine Qualität steigern könnte, gerade im Mandantenkontakt.

Daher war für sie schnell klar, möglichst zügig in eine leitende Position in einer Kanzlei aufzusteigen, um dieses eigene Potential auch leben zu können. Natürlich hat sie auch heute als Partnerin nicht die uneingeschränkte Möglichkeit, Kanzleiabläufe zu verändern. Aber es reicht ihr aus, in ihrer eigenen Praxisgruppe Innovationen und Veränderungen zu implementieren.

Mittlerweile ist sie auch unter den Referendaren und Berufseinsteigern sehr bekannt. Viele „reißen" sich darum, in ihrer Praxisgruppe arbeiten zu dürfen. Innovation, Veränderung und konstruktive Gespräche sagt man ihrem Bereich nach und das scheint vielen anderen Anwälten auch Spaß zu machen.

Haben Sie Lust, zu gestalten und Verantwortung zu übernehmen? Dann ist Führung genau das richtige Feld für Sie! Gestaltung ist nicht nur eine wichtige Eigenschaft für einen Unternehmer, sondern auch für eine Führungskraft.

Führung bedeutet, voran zu gehen, sich zu zeigen, und in guten und schlechten Zeiten Antworten auf Fragen zu finden. Arbeitsergebnisse und Projekte zu seinen Eigenen zu machen und dafür „den Kopf" hinzuhalten, wenn es mal schief läuft oder der Mitarbeiter einen Fehler gemacht hat. Führung ist nicht delegierbar, auch wenn viele Anwälte dieses gerne anders sehen würden.

Interesse an Menschen

Beispiel:

Rechtsanwalt Toll wird in einem Monat Partner werden und dann ein Team von fünf Mitarbeitern leiten. Inhaltlich freut er sich sehr auf diese große Verantwortung, endlich hat er sein Karriereziel erreicht. Wenn da nur nicht die Menschen wären, um die er sich nun auch noch „kümmern" muss.

Er ist ein hervorragende Experte in seinem Rechtsgebiet und seine Mandanten schätzen ihn für sein Expertenwissen und Pragmatismus. Über die Jahre hat er es für sich auch geschafft, sich mit seinen Mandanten in persönlichen Gesprächen mehr auseinander zusetzen. Wobei er auch heute immer noch sagen muss, dass Menschen ihn bedingt interessieren. Das soll nicht hart klingen, aber er liebt es, sich mit Akten, Gutachten und kniffeligen Rechtsfragen zu beschäftigen. Darüber vergisst er manchmal die Zeit, seinen Hunger etc.. Alles ist dann um in herum nicht mehr wichtig.

Die Übernahme des Team ist für ihn daher auch nur ein administrativer Akt und er hofft sehr, dass alle Mit-

arbeiter eigenständig arbeiten und er so wenig wie möglich Zeit mit ihnen verbringen muss.

Nun wurde er allerdings in den letzten Tagen schon häufiger von zwei Mitarbeitern und seiner Sekretärin angesprochen, die sich große Hoffnung machen, dass sich mit seiner Führung auch das Teamgefühl verändern wird. Er hat schon wahrgenommen, dass die Atmosphäre in dem Bereich nicht die Beste ist. Was wird da bloß auf ihn zukommen? Muss er sich tatsächlich jetzt auch noch mit den Mitarbeitern menschlich beschäftigen? Reicht es nicht aus, dass jedem ein klares Arbeitsgebiet zugewiesen wird?

Führung bedeutet, mit anderen Menschen in Kontakt zu gehen, diesen regelmäßig zu pflegen und zu intensivieren. Beziehungen zu Mitarbeitern aufzubauen und zu pflegen und sich um das Wohl und Wehe der anderen zu kümmern. Denn die Mitarbeiter sind die wichtigste Ressource, ganz besonders im Beratungsbereich.

Wieviel Zeit Sie mit Ihren Mitarbeitern verbringen und ob sich der Kontakt auf den rein beruflichen Bereich beschränkt, oder Sie auch in Ihrer privaten Zeit etwas anbieten möchten, entscheiden Sie selbst. Maßstab ist und sollte immer das reibungslose und angenehme Arbeiten miteinander sein. Ihre Mitarbeiter (und natürlich auch Sie) müssen sich wohl und verstanden fühlen, um ihre Stärken und Begabungen abrufen zu können. Wieviel „Kümmern" und „Teamevents" dafür notwendig sind, ist daher eine sehr individuelle Angelegenheit. Wenn alle gut und gerne miteinander arbeiten, müssen Sie diese Arbeitsatmosphäre „nur" aufrecht erhalten. Sollten sich in Ihrem Team dagegen Konflikte festgesetzt haben, dann ist der zeitliche Aufwand des „Kümmerns" sicher zunächst deutlich größer.

Sich selbst reflektieren und in Frage stellen

Beispiel:

Die Personalabteilung der Kanzlei Möller hat das jährlich stattfindende Mitarbeiterjahresgespräch erweitert. Bis vor kurzem war es üblich, dass nur der Partner dem Associate ein Feedback geben durfte. Ab sofort soll es auch möglich sein, dass der Associate seinem Vorgesetzten ein Jahresfeedback, insbesondere zum Thema Führung, gibt.

Rechtsanwältin Polle hält diese neue Idee für absolut nicht tragbar und hat der Personalabteilung schon mitgeteilt, dass sie dieses Verfahren so nicht durchführen wird. Wie kann es sein, dass jeder Mitarbeiter nun auch ihr ein Feedback geben darf?

Sie weiß ganz genau, was sie kann und wo auch ihre Schwächen liegen. Das muss ihr ganz gewiss kein Junior Associate sagen. Unabhängig davon, dass dabei sowieso nichts Neues herauskommen wird, so meint sie, schwächt ein derartiges Feedback auch ihre Position und sie möchte sich nicht angreifbar machen.

Führung bedeutet, ein Vorbild zu sein, an dem sich andere orientieren können. Daher sollte eine Führungskraft sich immer wieder reflektieren und in Frage stellen (lassen). Dafür ist es unerläßlich, sich regelmäßig Feedback zu holen und dieses auch anzunehmen. Wichtig ist dabei, auch „aktiv" hinzuhören und mit dem Feedback etwas zu machen. Sie müssen nicht jedem Wunsch folgen. Allerdings ist es wichtig, Themen zu verfolgen, die oft erwähnt oder vom Team als kritisch oder sehr unangenehm empfunden werden.

Zeit in Führung investieren

Beispiel:

Rechtsanwältin May führt drei Mitarbeiter in einer mittelständischen Kanzlei. Sie nimmt sich jeden Tag mindestens 15 Minuten Zeit, um sich mit ihrem Team auszutauschen, da sie sehr gute Erfahrung damit gemacht hat. Erstaunt ist sie darüber, immer noch von einigen Kollegen dafür belächelt zu werden, die der Meinung sind, dass sie zu viel Zeit übrig hat. Ansonsten würde sie sich ja wohl nicht immer mit ihrem Team zusammensetzen.

Manchmal, so findet Frau May, ist es in Kanzleien gar nicht so leicht, etwas durchzuziehen, was richtig und wichtig ist - in der Kanzleikultur von den anderen Partner aber als Luxus und vertane Zeit bewertet wird. Dennoch nimmt sie sich fest vor, dabei zu bleiben.

Sich um Menschen und Mitarbeiter zu kümmern, eine Beziehung auf- und auch auszubauen kostet Zeit. Und davon haben Sie als Anwalt nur sehr wenig. Natürlich ist es daher verständlich, dass Anwälte wenig bis gar keine Zeit in Führungsthemen investieren. Dennoch - wenn es Ihnen wichtig ist und Sie den Mehrwert für sich sehen - sollten Sie ab sofort jeden Tag ein definiertes Zeitkontingent in Sachen Führung investieren. Was genau das für Ihre tägliche Führung bedeutet, erläutere ich Ihnen in Kapitel 5.

Kapitel 4

Vor- und Nachteile der Führungsstile und welcher zu Ihnen passt

Es wird sehr viel über verschiedene Führungsstile geschrieben und erzählt. Um es kurz zu machen:

Es gibt nicht DEN einen richtigen Führungsstil.

Sie sollten sich aus meiner Sicht nicht allzu lange mit diesem eher akademischen Thema beschäftigen.

Viel wichtiger ist es, sich zu überlegen

* **Mit welchem Führungsstil Sie sich wohl fühlen**

* **Welcher zu Ihrer Persönlichkeit passt**

* **Wie Ihre Mitarbeiter sich führen lassen möchten und**

* **Welcher Führungsstil zur Kultur der Kanzlei passt**

Insofern möchte ich Ihnen dazu raten, situativ zu führen.

Der situative Führungsstil bezieht

- **Die Rahmenbedingungen**

- **Die Situation eines Mitarbeiters und**

- **Die Beziehung zwischen Vorgesetztem und Arbeitnehmer mit ein**

Anders ausgedrückt:

Die situative Führung geht davon aus, dass es keinen allgemein besten Führungsstil gibt, sondern Chefs auf unterschiedliche Situationen individuell reagieren müssen, um erfolgreich zu sein und im Team die gesetzten Ziele zu erreichen. Situativ bedeutet, dass Sie Ihren Führungsstil der jeweiligen Situation anpassen.

Es wird Mitarbeiter geben, die hin und wieder ein klares Wort und eine klare Ansprache von Ihnen zu schätzen wissen. Andere widerum werden dieses als wenig motivierend empfinden und sich wünschen, dass Sie sehr kooperativ und kameradschaftlich mit ihnen umgehen. Nur dann entfalten sie ihre Leistungsfähigkeit.

Lassen Sie sich auch nicht allzu sehr von den neuen Begriffen wie „digitale Führung" oder „Führung 4.0" verwirren. Das wir in einem digitalen Zeitalter leben und dieser Umstand unsere Arbeits- und auch Denkweise verändert, dürfte jedem von uns klar sein. Letztlich sind diese Begriffe nur der Ausdruck dafür, dass wir die Anforderungen, die ein digitalisiertes Unternehmen an jeden Mitarbeiter stellt, auch in unserem Führungsstil Ausdruck verleihen müssen.

Offenheit, Agilität, Vernetzung und Flexibilität werden daher Attribute sein, an denen wir uns mehr und mehr messen lassen müssen.

Der autoritäre Führungsstil

Beispiel:

Rechtsanwältin Bell liebt die klare und leicht autoritäre Ansage. So ist sie selbst bei ihrem ersten Chef groß geworden. Sie hat sich vorgenommen, auch ihre eigenen Mitarbeiter in dieser Form anzusprechen und zu führen. Leider stellt sie fest, dass ihre Mitarbeiter ihr spiegeln, dass sie sich von ihr sehr wenig wertgeschätzt fühlen und sich mehr Freiraum in der Gestaltung ihrer Arbeitsbereiche wünschen. Frau Bell stellt sich die Frage, ob sie ihr Verhalten verändern sollte.

Beispiel:

Rechtsanwalt Fritz sammelt dagegen gerade ganz andere Erfahrungen. Er selbst liebt zwar auch die klare Ansprache und mag es, wenn er „an der kurzen Leine" von seinem Chef geführt wird. Er spürt aber, dass seine Mitarbeiter gerne eigenständig arbeiten und er fast gar keine Ansagen machen muss. Daher hat er in den letzten Monaten seinen Ton und seine Ansprache verändert und geht mit seinem Team auf Augenhöhe, eher kollegial, um. Das Team dankt es ihm. Die letzte

Mitarbeiterumfrage verlief für ihn besser denn je. Herr Fritz scheint auf dem richtigen Weg zu sein, Frau Bell sollte dagegen ihren aktuellen Führungsstil in Frage stellen und versuchen, sich den Wünschen und der Persönlichkeit der Mitarbeiter anzupassen.

In der autoritären Führung gibt der Anwalt seinen Mitarbeitern Anweisungen, Aufgaben und Anordnungen weiter, ohne diese in die Entscheidung einzubeziehen. Der Anwalt erwartet nahezu bedingungslosen Gehorsam und duldet keinen Widerspruch oder Kritik. Bei Fehlern wird bestraft, statt zu helfen.

Vorteile der autoritären Führung

Die Vorteile des autoritären Führungsstils liegen in:

- **Der relativ hohen Entscheidungsgeschwindigkeit**

- **Der Übersichtlichkeit der Kompetenzen und**

- **Der guten Kontrolle**

Nachteile der autoritären Führung

Die möglichen negativen Seiten einer autoritären Führung sind zum Beispiel:

- **Die mangelnde Motivation der Mitarbeiter, da Entscheidungen ohne sie gefällt werden**

- **Die Einschränkung der persönlichen Freiheit**

- **Die Gefahr von Fehlentscheidungen durch überfor-**

derte Vorgesetzte, die sich nicht zuvor Feedback und Unterstützung im Team holen

- **Die Tatsache, dass Kompetenzen der untergebenen Mitarbeiter mitunter brach liegen oder nicht entdeckt werden**

- **Die geringe Selbständigkeit der untergebenen Mitarbeiter, die sich dann negativ auswirkt, falls ein Entscheidungsträger ausfällt**

- **Der fehlende Zeitgeist - Autorität ist nicht der Führungswunsch der meisten jungen Mitarbeiter**

Mit Kooperation gemeinsam zum Ziel

Hier bezieht der Anwalt seine Mitarbeiter in das Geschehen mit ein. Er erlaubt Diskussionen und erwartet sachliche Unterstützung. Bei Fehlern wird der Mitarbeiter in der Regel nicht bestraft, sondern es wird ihm geholfen zu verstehen, was er das nächste Mal besser machen kann.

Vorteile der kooperativen Führung

Die Vorteile des kooperativen Führungsstils sind:

- **Die hohe Motivation der Mitarbeiter durch Entfaltung der eigenen Kreativität, Förderung der Leistungsfähigkeit und der höhere Selbständigkeit**

- Eine Entlastung des Vorgesetzten und somit auch eine Reduzierung des Risikos einer Fehlentscheidung für die Kanzlei

- Die höhere Identifikation mit der Kanzlei, was wiederum das Arbeitsklima positiv beeinflusst und die Kommunikation untereinander fördert

Nachteile der kooperativen Führung

Die möglichen negativen Seiten einer kooperativen Führung sind zum Beispiel:

- Dass die Entscheidungsgeschwindigkeit eventuell verlangsamt bzw. verzögert wird

- Mitarbeiter ausreichend informiert werden müssen, was widerum Zeit kostet

- Viele Köpfe Ideen produzieren, die gemanagt werden müssen, ohne Mitarbeiter zu demotivieren

- Dass Mitarbeiter hinreichend qualifiziert sein müssen

Einfach laufen lassen - Laissez-faire

Der Laissez-faire-Führungsstil lässt den Associates viele Freiheiten. Sie bestimmen ihre Arbeit, die Aufgaben und die Organisation selbst. Die Informationen fließen mehr oder weniger zufällig. Der Partner greift nicht in das Geschehen ein, er hilft oder bestraft auch nicht. Dieser Führungsstil mag sich durch die große Offenheit attraktiv anhören, hat aber auch sowohl Vor- wie auch Nachteile.

Vorteile der Laissez-faire Führung

Die Vorteile des Laissez-faire Führungsstils liegen:

- **In der Gewährung von Freiheiten und**

- **In der eigenständigen Arbeitsweise der Mitarbeiter**

Die Mitarbeiter können ihre Entscheidungen eigenständig treffen und ihre Individualität wird gewährt.

Nachteile der Laissez-faire Führung

Die Nachteile sind schnell genannt und dürften Ihnen deutlich sein. Durch ein „Macht mal" kann es zu einem großen Chaos in dem Mandat oder Bereich kommen. Jeder versteht unter „Macht mal" etwas anderes und so werden die Arbeitsergebnisse und auch Qualität sehr unterschiedlich aussehen.

Mitarbeiter sind orientierungslos und wissen nicht, an wen und was sie sich halten können. Das ist gerade für junge Mitarbeiter hart, die Orientierung und Ausbildung benötigen. Da Sie einfach „Macht mal" in den Raum rufen, investieren Sie keine Zeit in Führung. Wenn es gut läuft war Ihre Entscheidung genau richtig. Wenn nicht, müssen Sie für die Entwirrung des Chaos und die Neuordnung im nachhinein sorgen, was Sie deutlich mehr Zeit kosten kann als die Führung und das Briefing von Anfang an.

Führung situativ anpassen

Beispiel:

Rechtsanwalt Wendt versteht die Welt nicht mehr. Seit acht Jahren arbeitet er in verschiedenen Kanzleien und ist bislang mit seiner Art der Führung immer gut gefahren. Er selbst ist von seinem Partner autoritär ausgebildet worden und hat diesen Stil als durchaus sinnvoll empfunden. Daher führt auch er Associates in diesem Stil.

Vor einem Jahr ist er als Partner in eine andere Kanzlei gewechselt und stellt fest, dass er mit seiner Art und Weise zu führen hier nicht so richtig erfolgreich ist. Mitarbeiter verschließen sich, sind demotiviert oder beschweren sich über ihn beim Managing Partner. Das hätte es in seinen „alten" Kanzleien niemals gegeben. Er ist total irritiert. Liegt es an ihm, den Mitarbeitern oder was genau macht er falsch?

Da es also nicht DEN richtigen Führungsstil gibt, sollten Sie immer wieder die bereits oben erwähnten Punkte beachten und je nach Situation angemessen agieren und führen.

Wir alle sind bereits durch unsere „früheren" Vorgesetzen geprägt bzw. sozialisiert worden und haben meistens bereits mit einem Führungsstil Erfahrung gesammelt, den wir - unbewusst - anwenden. Das kann sinnvoll sein, wenn die Mitarbeiter und auch die Kanzleikultur diesen Führungsstil auch lebt. Es kann jedoch auch sehr störend sein und fatale Auswirkungen haben, wenn dieser Führungsstil nicht zur gelebten Kanzleikultur passt.

Nimmt eine Kanzlei viele Laterals zur Vergrößerung der Struktur auf, so kann es dazu führen, dass innerhalb der Kanzlei auf einmal sehr unterschiedliche Führungsstile gelebt werden. Daher mag die Zufriedenheit in einigen Praxisgruppen sehr hoch sein, in einigen geringer. Da grundsätzlich kein Führungsstil richtiger ist als ein anderer ist das zunächst auch nicht schlimm. Wenn allerdings die Kanzlei damit ihre eigentlichen Werte bzw. die Kanzleikultur verwässert oder gar verliert, kann es zu weitreichenden Folgen führen. Daher ist es wichtig, im so genannten Onbording, - auch von neuen Partner - diesen Aspekt mit zu berücksichtigen. Hier ist es sicher nicht ausreichend, den neuen Partner die Broschüre mit dem Führungsleitbild in die Hand zu drücken sondern dafür zu sorgen, dass er schnell versteht, wie genau Führung im Alltag gelebt wird.

Führung im Zeitgeist

Ich möchte gerne noch einen letzten Aspekt zum Thema Führungsstile beleuchten. Neben diesen ganzen zuvor aufgeführten Gedanken ist es zusätzlich wichtig, dass Sie einen Führungsstil wählen, der zum so genannten Zeitgeist passt. Was ist damit gemeint?

Die Art und Weise, wie wir verhandeln, Präsentationen halten und kommunizieren verändert sich permanent. Gesellschaftliche, politische und wirtschaftliche Einflüsse beeinflussen die Art und Weise, wie wir denken, handeln, was wir erwarten und „zeitgemäß" finden. Auch Führung ist diesem Wandel unterworfen. Werte, die die Mitarbeiter in der Kanzlei heute suchen, müssen auch vom Vorgesetzten in der Führung gelebt werden. Wenn wir einmal davon ausgehen, dass viele junge Mitarbeiter (aber auch Ältere, die den gleichen Wertewandel für sich durchlaufen haben) Themen wichtig sind, wie zum Beispiel:

- **Partnerschaftlichkeit und Kooperation**

- **Flexibilität**

- **Kommunikativer Austausch**

- **Integration und Mitgestalten**

- **Work-Life Balance sowie**

- **Aus- und Weiterbildung,**

dann müssen diese Attribute sich auch in der Führung zeigen. Legen wir diesen definierten Maßstab an, dann ist es deutlich, dass Sie „auf Augenhöhe" kommunizieren und sich (auch) für Aspekte des privaten Umfelds des Mitarbeiters interessieren.

Sie sollten bei allen Entscheidungen, die einen Mitarbeiter betreffen, immer in der Lage sein, dessen Wertemodell und Anspruch so gut es geht mit einzubeziehen, anzusprechen und wertzuschätzen. Natürlich ist das kein eigener Führungsstil. Bedeutet aber, dass die Führungskraft in ihrem Handeln den Zeitgeist berücksichtigt und damit die Erwartungshaltung an ihre Rolle (auch) durch die Augen des Mitarbeiters betrachtet.

Kapitel 5

Die wichtigsten Führungswerkzeuge für Rechtsanwälte

Kommen wir nun zu den wichtigsten Führungswerkzeugen für Ihren Alltag, die Sie beherrschen sollten.

Klärung der eigenen Erwartungshaltung

Führungstools können Ihnen einige Aufgaben nicht abnehmen. Und das ist insbesondere die Frage, was genau Sie von sich selbst als Führungskraft, aber auch von Ihren Mitarbeitern erwarten. Wie sonst soll Führung gelingen?

So banal und einfach dieses klingt - diese Art von Erwartungsmanagement aneinander wird oftmals in Kanzleien nicht praktiziert. Vielleicht gibt es Führungsleitlinien, die irgendwo abgedruckt sind, jedoch kaum jemand kennt, geschweige denn lebt. Wenn es Ihnen also wichtig ist, dann sollten Sie sich - alleine - oder noch besser - gemeinsam mit Ihrem Team - Gedanken darüber machen, was Sie voneinader erwarten und benötigen um die Arbeit gut zu gestalten. Diese Art von Workshop wird in Unternehmen regelmäßig durchgeführt und ich begleite diese als Moderatorin.

In Anwaltskanzleien werden diese immer noch recht selten durchgeführt, und hier beginnt dann leider mangels nicht klarer Erwartungshaltung schon das Führungsproblem.

Beispiel:

Rechtsanwalt Balz stellt fest, dass sein Associate Schulz sich in Mandantengesprächen viel zu passiv verhält. Er ist mittlerweile seit fünf Jahren in der Kanzlei und soll nun endlich auch Verantwortung übernehmen. Während einem Mittagessen mit Kollegin Bartl spricht er dieses Thema an.

Frau Bartl stellt ihm daraufhin die Frage, was genau er sich denn an Verhalten von Rechtsanwalt Schulz wünscht? Das bringt Herrn Balz ins Nachdenken. „Sich aktiver in ein Gespräch einbringen" ist aus seiner Sicht eine klare Ansage. Vielleicht hat er bislang aber tatsächlich verpasst klar zu definieren und zu kommunizieren, was genau er darunter versteht.

Beispiel:

Partnerin Chest stellt fest, dass sie und ihre Mitarbeiter immer wieder aneinander vorbei reden. Sie dachte bis vor kurzem, dass ihr Team eigentlich ganz gut läuft. Lei-

der muss sie feststellen, dass sie sich geirrt hat. Schon oft hat sie versucht mit ihrem Team zu sprechen, aber irgendwie scheinen beide Seiten nicht zueinander zu kommen. Es wäre für sie grundsätzlich auch kein Problem, die Situation so zu belassen, wenn da nicht die Befürchtung im Raum wäre, dass Mitarbeiter unkontrolliert und ungeplant das Team verlassen und Frau Chest dann das Geschäft nicht mehr steuern kann.

Mit Unterstützung ihrer Personal Abteilung sucht Frau Chest daher einen Moderator, der mit ihr und ihrem Team einen Workshop durchführen soll. Gesagt, getan. Drei Wochen später sprechen Frau Chest und ihr Team sich in diesem Workshop aus. Jeder formuliert, was er sich von dem anderen in seiner Rolle im Job erwartet und was er benötigt, um gut arbeiten zu können.

Sicher waren nicht alle Punkte für sie neu. Frau Chest hat aber zwei ganz wichtige Themen für sich aus dem Workshop mitnehmen können, die sie bislang in ihrer Führungsarbeit nicht beachtet hat. Mehrmals wurde der Wunsch in dem Workshop an sie heran getragen, dass sie besser zuhören solle, wenn der Mitarbeiter spricht und ein schnelleres Feedback geben müsse, wenn ihr ein Verhalten im Team missfällt. In der Tat, Frau Chest erinnert sich, dass diese Punkte ihr bereits mehrfach als Schwachstellen genannt wurden, sie diese bislang aber anscheinend noch nicht abstellen konnte.

Ein gutes Vorbild sein

Glaubwürdig sind Sie als Führungskraft nur dann,

wenn Sie genau das vorleben, was Sie von Ihren Mitarbeitern erwarten. Ist Ihnen Pünktlichkeit wichtig, der regelmäßige Kontakt zum Mandanten oder das tägliche Gespräch im Team? Dann sollten Sie sich auch daran messen lassen. Wenn Sie Ihre eigenen Maßstäbe aufgrund Ihrer aktuellen Arbeitsbelastung oder Struktur nicht durchgängig leben können, dann sollten Sie entweder auch Abstriche bei den Erwartungen an Ihre Mitarbeiter machen oder aber klar an das Team kommunizieren, das Sie sich bewusst sind, dass Sie aufgrund xy gerade nicht die selbst auferlegten Prinzipien leben, dieses aber bald wieder tun werden.

Beispiel:

Rechtsanwältin Tommer hat sich vorgenommen, in internen Besprechungen klarer und präsenter herüber zu kommen. Sie stellt fest, dass sie kaum wahrgenommen und auch ständig unterbrochen wird. Ihr zuständiger Partner Schulz scheint das bestens zu beherrschen.

Immer wenn er etwas äußert, schauen alle anderen gebannt auf ihn und hören ihm bis zum Ende zu. Und das liegt nicht nur an seiner Seniorität oder seinem Titel. Auch in jungen Jahren hat Herr Schulz sich schon bestens durchsetzen können. Für Frau Tonner ist Herr Schulz seitdem ein Vorbild, dem sie nacheifern möchte. In den nächsten Besprechungen versucht sie, körpersprachlich und stimmlich einige Attribute von Herrn Schulz zu übernehmen und siehe da, es stellen sich die ersten Erfolge ein.

Die meisten Menschen lernen also durch das Abgucken. Wir suchen uns andere, die uns etwas vorleben, was wir gut und richtig finden und versuchen, das ein oder andere Verhalten von ihnen zu übernehmen. Das funktioniert sowohl in der Erziehung, als auch der Führung von Mitarbeitern. Vorbilder inspirieren uns, leiten an und setzen ein gutes Beispiel.

Ein gutes Vorbild zu sein setzt voraus, dass Sie zunächst einmal wissen, welches Verhalten Sie von Ihren Mitarbeitern im Job verlangen. Wenn Ihnen das klar ist, dann sollten Sie genau diese erwarteten Verhaltensweisen selber vorleben. Achten Sie darauf, dass Menschen meistens unbewusst die Verhaltensweisen als Maßstab heranziehen, die sie selbst erlebt haben. Aber das muss nicht immer richtig sein. Vielleicht haben Sie früher in einer Abteilung gearbeitet, in der Sie das Gefühl hatten, schlecht geführt zu werden. Leben aber unbewusst die gleichen Strukturen, obwohl Sie diese eigentlich nicht akzeptabel fanden. „Tappen" Sie daher nicht in die Falle des unbewussten Nachahmens, sondern reflektieren Sie Ihre eigenen Werte und Erwartungen.

Beispiel:

Rechtsanwalt Dr. Lapp möchte, dass seine Mitarbeiter pünktlich um 9.00 in der Kanzlei sind. Er selbst erscheint aber meistens nicht vor 10.00 Uhr.

Beispiel:

Frau Dr. Lux legt großen Wert darauf, dass ihre Mitarbeiter unternehmerisch mitdenken und Innovationen einbringen. Daher bemüht sie sich selbst darum, bei jedem Projekt immer das große Ganze darzustellen,

so dass jedem klar wird, warum unternehmerisch die-
ses Thema relevant ist und welche betriebswirtschaft-
lichen Punkte berührt werden.

Beispiel:

Herr Karl hat früher sehr unter der autoritären und
wortlosen Führung seines Chefs gelitten. Leider stellt
er fest, dass er in der gleichen Art und Weise mit sei-
nem Team umgeht. Und scheinbar färbt das auf diese
ab. Die früher offene und vertrauensvolle Kommuni-
kation untereinander hat sich deutlich verschlechtert.
Diese Erkenntnis irritiert Herrn Karl gerade sehr. Er
nimmt sich fest vor, diese Art von Vorbild nicht weiter
zu leben. Ein gutes Vorbild reflektiert zunächst das er-
wünschte Mitarbeiterverhalten und lebt dieses in allen
Handlungen nachhaltig und konsequent vor.

Nachhaltigkeit und Konsequenz leben

Es ist wirklich nicht einfach, nachhaltig und konsequent
an Themen dran zu bleiben und diese einzufordern.
Und dennoch ist genau dieses einer der wesentlichen
Erfolgsfaktoren in Sachen Führung. Jedem Menschen
fällt es schwer, erlernte Verhaltensweisen bzw. Ange-
wohnheiten zu verändern. Man verharrt oftmals gerne
in dem Zustand, der sich bewährt hat und benötigt
einen guten Grund, sich zu bewegen. Der Schritt aus
der so genannten Komfortzone ist mühsam. Genau
das fordern Sie aber von Ihren Mitarbeitern, wenn Sie
sich nach vorne stellen und ab morgen gewissen Ver-

änderungen wünschen. Kein Wunder also, dass Mitarbeiter Sie unbewusst testen werden, ob Sie Ihre neuen Themen und Wünsche auch ernst meinen. Dahinter steckt in den meisten Fällen keinesfalls eine böse Absicht, sondern die Qual des Schrittes aus der eigenen Komfortzone. Eine einmal gemachte Ansage oder Aufforderung an das Team oder die Mitarbeiter wird absolut wirkungslos sein, wenn Sie in den nächsten Tagen, Wochen und Monaten nicht dran bleiben und bei unerwünschtem Verhalten Ihre Mitarbeiter klar darauf aufmerksam machen.

Genauso „fatal" ist es, wenn Sie Mitarbeiter oder Teams unterschiedlich behandeln. Auch das ist menschlich sehr nachvollziehbar, da Sie mit jeder Person eine eigene Historie haben und den einen oder anderen Menschen vielleicht etwas sympathischer erleben als den anderen - und ihn unbewusst bevorzugen. Aber leider ist dieses Verhalten kontraproduktiv. Denn die Mitarbeiter werden sich selbstverständlich untereinander vergleichen und beobachten, ob die Maßstäbe bei allen gleich angesetzt und gelebt werden. Ist dieses nicht der Fall, dann versuchen auch die anderen „Schlupflöcher" zu finden und Änderungen zu umgehen oder zu ignorieren. Hier sind Sie besonders gefordert.

Beispiel:

Rechtsanwältin Moses hat an ihren Associate Konrad klar kommuniziert, wie Pitchunterlagen auszusehen haben, die an den Mandanten gehen. Sie stellt allerdings fest, dass Herr Konrad sich nicht immer an die vereinbarten Vorgaben hält. Es gibt Wochen, in denen die Unterlagen alles andere als professionell abgegeben werden. Frau Moses hat aber nicht immer Zeit und Lust, dieses nachzuhalten und daher läßt sie hin und wieder auch schlechte Präsentationen „durchgehen". Herr Konrad dagegen hat das Gefühl, dass es Frau Moses doch nicht ganz so wichtig ist, da sie ihn nicht konsequent korrigiert.

Beispiel:

Rechtsanwalt Dr. Mau ist bekannt dafür, seine „Lieblinge" im Team zu haben. Diese werden von ihm bevorzugt behandelt. Er äußert ihnen gegenüber deutlich weniger Kritik, die Associates dürfen ihn duzen und er drückt bei Ihnen öfter mal „ein Auge zu", wenn das Arbeitsergebnis nicht die Qualität hat, die versprochen war.

Das führt dazu, dass die Mitarbeiter untereinander nicht offen und vertrauensvoll zusammenarbeiten. Dies stellt Herr Mau immer wieder fest und findet es ärgerlich, dass er sich auf sein gesamtes Team leider nicht immer verlassen kann.

Ziele definieren und klar kommunizieren

Jede(s) Aufgabe, Projekt, Artikel, Schriftsatz und Protokoll braucht ein klares und eindeutiges Ziel. Ein eindeutiges Ziel zu setzen - und dieses auch noch erfolgreich an das Team zu kommunizieren - ist nicht einfach. Machen Sie sich vor Abgabe einer Aufgabe immer ein klares Bild davon, wie das Zielprodukt aussehen sollte? Geben Sie dem Mitarbeiter Beispiele mit auf den Weg, an denen sie das Produkt ausrichten können? Wenn ja, wunderbar. Wenn nein, dann sollten Sie hieran weiter arbeiten. Oftmals haben wir ein Zielprodukt in unserem Kopf und kommunizieren dieses an den Mitarbeiter nicht klar und deutlich. Oder wir gehen davon aus, dass das Arbeitsergebnis doch vollkommen klar sein müßte und es nur eine Form gibt, in der es abgegeben werden kann. Wir denken, dass unser Anspruch und unsere Idee ist allein mögliche und gültige ist. Aber diese Idee geht meistens nicht auf.

Stellen Sie beim Briefing sicher, dass Ihre Nachricht bzw. Wunsch auch angekommen ist, indem Sie Ihren Mitarbeiter zum Beispiel bitten, in seinen eigenen Worten noch einmal klar zu wiederholen, wie das Arbeitsprodukt aussehen soll. Dann können Sie sicher sein, dass er es zunmindest verstanden hat.

Beispiel:

Rechtsanwalt Klose ärgert sich sehr über seine Associates. Die Arbeitsergebnisse fallen jedes Mal sehr unterschiedlich aus. Da er sich auf die Qualität nicht verlassen kann, delegiert er immer weniger Aufgaben. Das führt dazu, dass er kaum mehr Zeit hat, sich um Geschäftsentwicklung zu kümmern. Fragt man die Associates, so sind diese in jedem Arbeitsprojekt wieder sehr unsicher. Keiner weiß so richtig, wie genau das Produkt aussehen soll.

Herr Klose wirft regelmäßig die Aufgaben auf den Tisch mit den Worten „Sie wissen ja, was zu tun ist".

Leider sind die Vorstellungen von den Arbeitsergebnissen anscheinend sehr unterschiedlich.

Entscheidungen treffen

Führen bedeutet auch, Entscheidungen zu treffen. Sowohl einfache, als auch schwierige, heikle oder manchmal unsichere.

Aber die Entscheidung muss nicht nur getroffen werden. Sie muss auch zum richtigen Zeitpunkt fallen. Hierbei spreche ich nicht nur von juristischen Fragestellungen oder solchen, die sich in einem Mandat ergeben. Ich meine damit auch Entscheidungen, die das Weiterkommen von Mitarbeitern, das Kritisieren von Fehlverhalten, die Zielvorgabe bzgl. Business Development oder die Rollenverteilung im Team betrifft. Also Themen, die weniger mit der klassischen fachlichen Expertise in Zusammenhang stehen und oftmals nicht so einfach getroffen werden können.

Eine Entscheidung, die nicht in dem erforderlichen Zeitfenster gemanagt wird, ist oftmals „falsch". Manchmal stellt sich vielleicht die getroffene Entscheidung im Nachhinein als falsch heraus, aber das ist das Risiko einer Führungskraft, das eingegangen werden muss. Das Aussitzen von Entscheidungen sollten Sie sich nur dann leisten, wenn Sie dafür gute - zum Beispiel politische - Gründe haben. Gerade das Ausweichen von Associates, die Ihnen bzgl. ihrer Entwicklung Fragen stellen, kann dazu führen, dass sie bald Mitarbeiter verlieren. Wenn Sie dieses billigend in Kauf nehmen, ist das in Ordnung. Sie müssen nur damit rechnen, dass eine Frage, der Sie ausweichen, auch negative Konsequenzen nach sich ziehen kann.

Beispiel:

Der Praxisgruppenbereich Arbeitsrecht in der Kanzlei Soller in Hamburg ist stark am „Schwimmen". Die Associates haben den Partner schon mehrfach um Unterstützung gebeten. Dieser verspricht auch immer wieder, sich um einen neuen Associate zu kümmern, jedoch muss zunächst die Entscheidung gefällt werden, ob man die fachlich nicht überzeugende Frau Quell weiter behalten möchte.

Der Partner gilt in der Kanzlei als Mensch, der absolute Harmonie um sich herum braucht. Daher möchte er dieses unangenehme und unerfreuliche Gespräch aktuell ungerne führen und sitzt das Thema aus. Seine Hoffnung ist, dass Frau Quell selbst bald feststellen wird, dass sie sich beruflich verändern sollte.

Kommunikation sicherstellen

Die meisten Arbeitsergebnisse in einer Praxisgruppe entstehen durch Teamarbeit. Nur wenn Mitarbeiter in- und außerhalb der Gruppe in der Lage und bereit sind, miteinander zu arbeiten, entsteht das große Ganze. Sie als Führungskraft sind in der Pflicht dafür zu sorgen, dass Ihre Mitarbeiter sich untereinander austauschen, vernetzen und die geeigneten Kommunikationsplattformen finden.

Es darf und sollte Ihnen nicht egal sein, ob und wie

sich die Mitarbeiter untereinander austauschen. Dazu gehört auch die Fähigkeit, das Team so zusammenzustellen, dass es von den Persönlichkeiten und Stärken zueinander passt, die Mitarbeiter ein „Team bilden können" und Lust haben, sich miteinander zu vernetzen. Gerade in heterogenen Teams ist es wichtig, dass Sie Kommunikationsbrücken zwischen den Mitarbeitern bauen und zum Ausdruck bringen, dass die Heterogenität eine große Bereicherung ist. Wenn sich erst einmal alle untereinander kennen, wird der Austausch von alleine erfolgen. Wieviel eine Führungskraft mit seinem Mitarbeitern sprechen sollte, ist nicht festgelegt und definiert. Letztlich ist auch das immer wieder eine Frage der eigenen, aber auch der Persönlichkeit der Mitarbeiter. Einige Menschen brauchen mehrmals am Tag Zuspruch, anderen reicht dieses einmal in der Woche oder im Monat vollkommen aus.

Maßstab ist, ob Sie mit Ihren Mitarbeitern in Kontakt sind. Stellen Sie sich die Testfrage, ob Sie alles über Ihre Mitarbeiter wissen, was Sie benötigen, damit die Zusammenarbeit reibungslos verläuft. Wie ist die Stimmung im Team? Wer möchte sich verändern? Wie lauten die Karriereziele? Es gibt viele Partner, die einmal am Tag (bevorzugt morgens) im Stehen ein kurzes Briefing aller Mitarbeiter durchführen (Standup Meeting). Dort berichtet jeder Mitarbeiter ein bis zwei Minuten über die anstehenden täglichen Aufgaben. Andere Partner bevorzugen einmal die Woche ein Meeting, in dem der gleiche Austausch - vielleicht in einem etwas ausführlicheren Rahmen - stattfindet.

Wenn Ihre Mitarbeiter nicht zu weit voneinander entfernt sitzen, kann sich auch eine morgendliche persön-

liche Begrüßung mit einem kurzen zwei bis drei minü-
tigen Gespräch anbieten. Oder Sie gehen regelmäßig
miteinander Mittagessen, berichten über erfolgreiche
abgeschlossene Mandate und stellen den Associate
Fragen, die Sie gerade interessieren.

Finden Sie die Kommunikationsform und das Forum,
dass Ihrer Persönlichkeit und der des anderen entge-
genkommt. Viel hilft nicht immer viel - ohne Austausch
und Kommunikation wird allerdings kein Vertrauen
und keine Bindung aufgebaut. Beachten Sie dabei
bitte auch die Mitarbeiter, die in anderen Büros sitzen
und regelmäßig in das Team via Skype, WebEx, Tele-
fon, Videokonferenz etc. einbezogen werden müssen,
um ein Teamgefühl zu schaffen.

Beispiel:

*Frau Paul leitet am Münchner Standort einer Kanzlei
ein Team von acht Mitarbeitern. Alles läuft aus ihrer
Sicht harmonisch ab. Die Mitarbeiter arbeiten neben-
einander ihre Aufgaben ab.*

*Fast scheint es so, als wenn die Associates gar nichts
miteinander zu tun haben. Keiner von außen würde
vermuten, dass es sich um ein Team handelt.*

Beispiel:

*Anders sieht es bei Rechtsanwalt Will aus. Er führt 10
Mitarbeiter in seinem Bereich. Herr Will ermutigt seine
Mitarbeiter immer wieder, sich untereinander auszutauschen. Er sorgt dafür, dass das Team sich regelmäßig an der internen Kaffeebar und beim Mittagessen*

trifft. Auch gibt es einen wöchentlichen Jour Fix, in dem jeder Mitarbeiter erfährt, an welchen Projekten der andere gerade arbeitet. Seitdem diese Treffen stattfinden, hat sich das Klima in der Abteilung deutlich verbessert. Und auch die Arbeitsergebnisse sind qualitativ hochwertiger. Man merkt, dass sich verschiedene Experten aktiv in das Ergebnis eingebracht haben.

Unterstützen Sie, dass Mitarbeiter mittags gemeinsam essen gehen oder sich hin und wieder auch mal an der Kaffeebar austauschen. Sie müssen nicht an allen Treffen teilnehmen. Vielleicht haben Sie ein Budget, um die Mitarbeiter jeden Monat abends zu einem Bier oder Abendessen einzuladen. Diese werden sich sicher freuen, sich einmal ohne ihren Chef austauschen zu können.

Mitarbeiter motivieren, fordern und fördern

Einen guten Mitarbeiter zu verlieren und einen adäquaten Ersatz zu finden kann sich über Monate hinziehen. Es kostet Nerven und Geld. Und ist der „Neue" dann endlich gefunden und „an Bord", geht es darum, ihn erst einmal einzuarbeiten und gemeinsam zu schauen, ob er die in ihn gesetzten Erwartungen überhaupt erfüllen kann. Wenn nicht, fängt der ganze Prozess wieder von vorne an.

Mitarbeiterförderung kann sehr unterschiedlich aussehen. Zunächst sollten Sie die Stärken und Schwächen und Karriereziele all Ihrer Mitarbeiter genau kennen. Hierzu eignen sich Mitarbeiterjahresgespräche oder auch der Austausch in einzelnen Arbeitsprojekten. Gehen Sie in Kontakt und suchen Sie jede Gelegenheit, Ihre Mitarbeiter und deren Wünsche und Bedürfnisse ein Stück besser kennenzulernen.

Wenn Sie sich hier ein gutes Bild erarbeitet haben, dann überlegen Sie gemeinsam mit dem Mitarbeiter, wie eine Förderung ganz konkret aussehen kann. Man spricht hier auch von der so genannten „dialogischen Führung". Treten Sie also in den Dialog mit dem Mitarbeiter ein und erstellen Sie gemeinsam einen individuellen und für ihn passenden Karriereplan. Das alles kostet Zeit, aber genau das ist Ihre Verpflichtung als gute und engagierte Führungskraft.

Neben diesen sehr individuellen Karriereplänen kann es natürlich auch sehr sinnvoll sein, Mitarbeiter an in- oder externen Trainings teilnehmen zu lassen, ein individuelles Coaching, eine Jobrotation oder auch ein Secondment zu genehmigen. Sie können es sich bei dem Förderprogramm natürlich leicht machen und mit der „Gießkanne" jedem Mitarbeiter einmal im Jahr ein Training spendieren. Das ist sicher besser als nichts, fördert und fordert natürlich aber nicht die individuelle Person und ist überhaupt kein Garant dafür, das ein Mitarbeiter sich an die Kanzlei gebunden fühlt.

Je persönlicher und individueller Sie Förderprogramme erarbeiten, desto höher ist die Wahrscheinlichkeit, dass sich neben Ihnen ein engagierter, loyaler und hoch zufriedener Mitarbeiter entwickelt. Sicher wird es so sein, dass viele Ihrer Mitarbeiter intrinsisch, also aus sich selbst heraus motiviert sind und daher von Ihnen gar nicht so viel Motivationsschub benötigen. Allerdings ist es auch für die High Potentials im Team wichtig, dass sie ausreichend gefordert und gefördert werden und sich selbst immer wieder beweisen dürfen.

Leider gibt es nicht das eine Motivationswerkzeug, dass für alle Mitarbeiter wirksam ist. Menschen sind zu unterschiedlich. Der eine mag besonders anspruchsvolle Projekte, die Veröffentlichung eines Artikel als Motivation erleben, ein anderer vielleicht das flexible Arbeiten, viel Reisen und Kontakt mit Mandanten. Umso wichtiger ist es, dass Sie mit Ihren Mitarbeitern sprechen um zu erfahren, was genau sie benötigen, um Ihr Bestes zu geben und motiviert zum Job zu kommen. Schließen Sie hier nicht von sich auf andere - das ist häufig ein großer Trugschluss.

Wenn Sie möchten, dass Ihre Mitarbeiter Ihren Bereich weiter mit ausbauen und erfolgreich Ihre Projekte bearbeiten, dann ist es als Führungskraft Ihre Pflicht, dafür zu sorgen, dass die Arbeitsatmosphäre und auch die Aufgaben für sie motivierend sind. Dazu gehört sicher auch das sorgfältige Herausarbeiten, welche Art von Karriere Ihre Mitarbeiter eigentlich anstreben. Ist der Experten- oder Partnertrack attraktiv? Kann sich der Mitarbeiter überhaupt eine Zukunft in der Kanzlei vorstellen oder ist ihm eine Tätigkeit im Staatsdienst oder Unternehmen sympathischer?

Beispiel:

Associate Wagner ist demotiviert. Nichts läuft so, wie am Anfang versprochen. Der Partner Westermann hat

ihm vor einem Jahr versprochen, ihn zu fördern. Es war vereinbart worden, dass er Vorträge halten darf und Artikel auch unter seinem Namen erscheinen dürfen. Nichts davon ist eingetreten. Aktuell ist so viel Arbeit vorhanden, dass er nur noch am Schreibtisch sitzt.

Herr Westermann hat ihm gerade einen Bonus ausgezahlt und denkt, damit sei er zufrieden. Um Geld geht es ihm allerdings überhaupt nicht. Wenn das so weitergeht, wird er die Kanzlei verlassen, so sein Plan.

Feedback geben und nehmen

Um unser Selbstbild (wie wir denken zu wirken) mit dem Fremdbild (wie die anderen uns tatsächlich wahrnehmen) abzugleichen, benötigen wir Feedback. Feedback gibt uns die Möglichkeit, uns selbst in unserer Leistung, unserem Verhalten und unserem Auftritt besser einzuschätzen. Als Führungskraft ist es wichtig, den eigenen Mitarbeitern regelmäßig ein professionelles und konstruktives Feedback zu geben, aber auch, Feedback von den eigenen Mitarbeitern zu erhalten. Denn auch Sie möchten besser werden und wissen, wie Ihre Art der Führung bei den Mitarbeitern ankommt. Wenn Sie Feedback an Mitarbeiter geben, dann sollten Sie folgendes beachten:

- **Geben Sie unmittelbar Feedback**

- **Präferieren Sie das Vier-Augen-Gespräch**

- **Suchen Sie sich einen geschützten Raum**

- **Sprechen Sie in der „Ich" Person**

- **Beschreiben Sie den Vorgang**

- **Erfragen Sie die Wahrnehmung des anderen**

- **Suchen Sie gemeinsam nach Lösungen**

So nehmen Sie Feedback von Mitarbeitern professionell entgegen:

- **Hören Sie in Ruhe zu und unterbrechen Sie den anderen nicht; lassen Sie das Feedback erst einmal sacken und wirken**

- **Kommentieren Sie das Gesagte nicht**

- **Bedanken Sie sich für das Feedback**

- **Stellen Sie Rückfragen, wenn nötig**

- **Nehmen Sie Feedback nicht persönlich**

- **Was möchten Sie verändern?**

Beispiel:

Dr. Toll ist Partner in einer Berliner Kanzlei. Ihm ist es wichtig, mit seinen Mitarbeitern einen engen Austausch zu pflegen und von ihnen konstruktiv kritisiert zu werden. Denn nur so, das weiß er, kann auch er sich verbessern. Leider stellt er fest, dass seine Mitarbeiter ihm auf seine Nachfrage kein Feedback geben. Das irritiert ihn sehr.

In der letzten Woche hat ein Kollege ihm dazu einen kleinen Hinweis gegeben. Er ist der Meinung, dass Herr Toll bei Feedback immer sehr schnell persönlich verletzt ist und Dinge, die ihm gespiegelt werden, nicht annehmen kann. Weiter unterbricht er seine Mitarbeiter immer sofort und negiert das Gesagte. Möglicherweise liegt es daran, dass seine Mitarbeiter nicht mehr bereit sind, ihm Rückmeldung zu geben. Herr Toll ist über dieses Feedback bestürzt, denn er nimmt sich selbst sehr offen wahr.

Beispiel:

Frau Freise ist Feedbackfan. Sie hat bereits mehrere Kurse zum Thema Kommunikation und Feedback besucht. Anfänglich war sie sehr skeptisch und hat das ganze in die „Eso-Ecke" geschoben. Seitdem sie allerdings die Feedbackregeln anwendet stellt sie fest, dass der Kontakt und Austausch in ihrer Abteilung sehr viel besser geworden ist. Auch die Arbeitsergebnisse haben sich sehr positiv entwickelt.

Bitte überlegen Sie sich, wie oft und an welchen Stellen Sie Ihren Mitarbeitern Feedback geben und Feedback selbst einfordern möchten. Sie können jeden Tag, jede Woche und auch jeden Monat Rückmeldung geben. Mögliche Ansatzpunkte sind zum Beispiel:

- **Das Mitarbeiterjahresgespräch**

- **Der Projektabschluss in einem Mandat**

- **Das Verhalten des Associates in einem Meeting**

- **Ein besonderes (positives oder negatives) Arbeitsergebnis, das Ihnen vorgelegt wird**

Nehmen Sie sich zum Üben gerade am Anfang ganz konkret vor, wann und wie oft Sie in der Woche Feedback geben möchten und messen Sie sich daran. Je öfter Sie das tun werden, desto mehr wird es in Ihr alltägliches Verhalten implementiert werden. Irgendwann werden Sie ganz automatisch regelmäßig Feedback geben und dieses bei anderen einfordern.

Professionelle Mitarbeitergespräche führen

Das Mitarbeitergespräch dient dazu, in regelmäßigen Abständen die Erwartungshaltung der Führungskraft mit der Arbeitsleistung des Mitarbeiters abzugleichen. Zusätzlich soll es darum gehen, neue gemeinsame Entwicklungsziele zu definieren und die Karrierewünsche des Mitarbeiters abzufragen und kennenzulernen.

Viele Kanzleien besitzen dafür einen professionellen Fragebogen. Fragen Sie in Ihrer Personalabteilung doch einmal nach, ob dort ein Leitfaden vorhanden ist, der sich bewährt hat. So haben Sie gleich eine gute Struktur für das Gespräch.

Wie oft Sie Mitarbeitergespräche führen, hängt von Ihnen ab. Sie sollten auf jeden Fall einmal (am Anfang oder Ende) des Jahres das Gespräch suchen. Einige Unternehmen führen ein Karrieregespräch auch zweimal im Jahr durch. Überlegen Sie, was am besten zu Ihrer Kultur und auch Erwartung Ihrer Mitarbeiter passt.

Das Gespräch dauert pro Mitarbeiter meistens eine Stunde. Viele Führungskräfte teilen den Gesprächsleitfaden mit entsprechenden Fragen schon einige Tage vorab an die Mitarbeiter aus, so dass dieser sich bereits Gedanken machen kann. Sie als Führungskraft sollten das auch tun.

Dabei sind insbesondere folgende Fragen wichtig vorab zu durchdenken:

- **Sind die fachlichen Kenntnisse vorhanden?**

- **Entsprechen die Ergebnisse den Erwartungen?**

- **Wie verläuft die Arbeit mit dem Mandanten?**

- **Ist das Verhalten einwandfrei?**

- **Wie gut ist die Kommunikation untereinander?**

- **Was würden Sie sich zusätzlich wünschen?**

- **Womit sind Sie besonders zufrieden?**

- **Wo sehen Sie Entwicklungsfelder?**

- **Welches Ziel möchten Sie für das kommende Jahr festlegen?**

Auf diese Fragen sollte sich auch der Mitarbeiter vorbereiten. So sind Sie in der Lage, ein konstruktives Gespräch zu führen, das sich an Fakten orientiert, die bereits vorliegen.

Beispiel:

Partnerin Zaus verteilt eine Woche vor den jährlichen Mitarbeiterjahresgesprächen immer einige Fragen an die Associates aus. Sie möchte, dass jeder sich bereits selbst einmal Gedanken darüber macht, wie zufrieden er mit seiner Arbeitsleistung im letzten Jahr war und was genau er sich für die Zukunft vornehmen möchte. Sie setzt hier auf Eigenverantwortung und fordert dieses bei den Mitarbeitern ein. Karriere definiert sie als Holschuld der Associates. Am Anfang gab es ein „Grummeln" in der Abteilung. Viele Mitarbeiter waren es gewohnt, sich in das Jahresgespräch einfach „reinzusetzen" und sich von der Führungskraft „beschallen" zu lassen. Mittlerweile sind aber alle über die neue Vorgehensweise froh, da hierdurch die eigene Reflektion erhöht und das gemeinsame Karrieregespräch als konstruktiver wahrgenommen wird. Der Erfolg rechtfertigt den höheren Aufwand.

Konflikte erkennen und auflösen

Konflikte und Störungen im Team klären, ist nicht Jedermanns Sache. Ich kenne viele Partner, die dieses Thema nicht aufnehmen und die Sache einfach „laufen lassen". Über kurz oder lang rächt sich dieses „Aussitzen". Die Arbeitsatmosphäre und Kommunikation untereinander verschlechtert sich, man beschäftigt sich mehr mit dem Konflikt als mit dem Arbeiten und wenn es ganz schlecht läuft, wird der ein oder andere Mitarbeiter die Kanzlei verlassen.

Ganz egal, ob Sie in Konfliktmanagement trainiert sind

oder nicht, als Führungskraft müssen Sie diese Verantwortung ab heute übernehmen. Es gilt das Motto „Störungen haben immer Vorrang". Hier einige Tipps, was Sie am besten tun sollten, wenn Sie einen Konflikt oder eine Störung im Team feststellen:

- **Sprechen Sie den Konflikt schnell an**

- **Stellen Sie fest, wer daran beteiligt ist**

- **Bringen Sie diese Personen an einen Tisch**

- **Schildern Sie in Ihren eigenen Worten, was genau Sie wahrnehmen**

- **Fragen Sie dann ab, wie die anderen Beteiligten die Situation wahrnehmen**

- **Stellen Sie klar, dass Sie eine Lösung des Konflikts bzw. der Störung erwarten**

- **Definieren Sie, wie die Lösung aussehen soll**

Wenn Sie das Gefühl haben, dass Sie mit diesem Konflikt überfordert oder selbst daran beteiligt sind, dann kann es sinnvoll sein, einen externen Moderator oder Mediator hinzuzuziehen. Dieses ist keinesfalls eine Schwäche, sondern eine Stärke. Ein schlecht moderierter Konflikt kann sich sehr negativ entwickeln.

Beispiel:

Rechtsanwältin Voss stellt seit einigen Wochen fest, dass zwei ihrer Mitarbeiter nicht mehr miteinander sprechen. Die Kommunikation untereinander ist bis auf wenige Worte am Tag eingestellt. Frau Paul hat bereits mit beiden Mitarbeitern kurz gesprochen und gefragt, was los ist. Leider hat sie daraufhin keine Antwort erhalten. Da die Situation geklärt werden muss, hat Frau Paul jetzt einen externen Coach gebeten, sich diesem Thema anzunehmen. Dieser hat mit beiden Mitarbeitern jeweils eine Stunde alleine gesprochen und dann vorgeschlagen, ohne Frau Paul einen dreistündigen Konfliktworkshop durchzuführen. Das scheint sehr erfolgreich gelaufen zu sein.

Seit vier Tagen nähern sich die beiden Mitarbeiter wieder vorsichtig an und sprechen miteinander. Frau Paul ist sehr erleichtert, dass dieses Thema gelöst werden konnte.

Aufgaben delegieren und kontrollieren

Da Sie keinen Rollentausch, sondern eine Rollenerweiterung vornehmen, ist es besonders anspruchsvoll, die Delegation von Aufgaben zu leben. Um sich Zeit für Führung und Business Development zu verschaffen, ist es unabdingbar, dass Sie nach und nach immer mehr Aufgaben an Mitarbeiter delegieren und diese kontrollieren. Die Frage lautet also, was Sie wann genau an wen delegieren sollten.

Hierzu gibt es eine klare Einteilung:

Was muss ich wann delegieren?

Man unterscheidet wichtige und unwichtige sowie dringliche und weniger dringliche Aufgaben. Insofern sollten Sie vor der Delegation die Aufgaben sichten und priorisieren. Unwichtige und wenig dringliche Aufgaben müssen delegiert werden, jedoch nicht unbedingt sofort. Unwichtige, aber dringliche Aufgaben sollten Sie noch heute an einen Mitarbeiter weitergeben. Wichtige, nicht dringliche Aufgaben erledigen Sie am besten selbst zu einem späteren Zeitpunkt. Wichtige und dringliche Aufgaben sind sofort durch Ihre Person zu bearbeiten. Wenn Sie bemerken, dass alle Aufgaben bei Sichtung immer wichtig und dringlich sind, dann sollten Sie Ihre Einordnung noch einmal überprüfen.

An wen muss ich delegieren?

Ihr Team besteht aus unterschiedlichen Experten, daher sollte die entsprechende Aufgabe immer an den Mitarbeiter abgegeben werden, der aufgrund seiner Erfahrung diese am besten bearbeiten kann. Wichtig ist aber auch zu berücksichtigen, dass alle Mitarbeiter gleich gut ausgelastet sind. Insofern müssen Sie vielleicht hin und wieder Aufgaben auch an Mitarbeiter abgeben, die nicht unbedingt in den Bereichen die Top Experten sind.

Weiter würde ich Ihnen raten zu schauen, welchen Mitarbeiter Sie weiter- und ausbilden möchten. Vielleicht ist er noch nicht Experte in einem Bereich, möchte sich dort aber hin entwickeln. Dann sollten Sie damit anfangen und ihm mehr Arbeit aus einem speziellen Bereich zuteilen. Das wird sicher am Anfang für Sie als Vorgesetzter etwas mehr Arbeit machen, da Sie engmaschiger kontrollieren müssen, über lange Zeit zahlt sich dieses Investment aber aus.

Wie sollte ich delegieren?

Ganz wichtig ist es, dass die Abgabe der Aufgabe sauber und eindeutig verläuft. Legen Sie dem Mitarbeiter bitte nicht die Sache auf den Tisch mit den Worten „Mach mal". Es sei denn, dieser hat sich bereits eine große Routine erarbeitet und weiß ganz genau, was zu tun ist. Nehmen Sie sich ausreichend Zeit, um dem Mitarbeiter zu erklären, wie die Aufgabe lautet, was zu tun ist, welche Erwartungshaltung Sie haben und in welcher Zeit alles zu erledigen ist. Möglicherweise geben Sie ihm auch ein Muster mit, an das er sich halten kann.

Um ganz sicher zu sein, dass der Mitarbeiter die Aufgabe auch richtig verstanden hat, sollten Sie sich nach Ihrem Briefing noch einmal kurz erläutern lassen, was genau er verstanden hat. Das ist keinesfalls Schikane, sondern stellt sicher, dass Sie auch angekommen sind. Sie ersparen sich mit einem guten Briefing sehr viel Ärger und Arbeit.

Wie kontrolliere ich die Ergebnisse?

Wie oft Sie die Arbeitsergebnisse Ihres Mitarbeiters kontrollieren hängt davon ab, wie erfahren er ist bzw.

wie sehr Sie sich auf seine Ergebnisse verlassen können. Übernimmt ein Mitarbeiter eine Aufgabe das erste Mal oder ist sehr jung, dann sollten Sie täglich oder alle zwei bis drei Tage das Ergebnis und den Fortschritt kontrollieren und Unterstützung anbieten.

Bei erfahrenen Mitarbeitern werden Sie im Zweifel nur noch hin und wieder Stichproben machen, ansonsten können deren Arbeitsergebnisse auch ohne Ihre Kontrolle die Abteilung verlassen. Kontrolle ist keine Schikane, sondern stellt die Qualität Ihrer Abteilungsergebnisse sicher und dafür haben Sie als Führungskraft einzustehen.

Machen Sie das auch den Mitarbeitern gegenüber deutlich, falls diese sich bevormundet fühlen sollten. Kontrollieren Sie hin und wieder auch zu überraschenden Zeiten, so dass der Mitarbeiter keine Chance hat, sich darauf einzustellen.

Beispiel:

Herr Dr. Richard ist Partner einer Kölner Kanzlei. Er arbeitet sehr gerne und ist inhaltlich an seinen Aufgaben sehr interessiert. Er weiß genau, dass Delegation eine seiner Schwächen in Sachen Führung ist. Aber leider kann er nicht gut abgeben. Er hat den Anspruch, dass alle Arbeiten 100%ig sein müssen.

Zwar hat er sehr gute Mitarbeiter, aber ganz vertraut er keinem. Das haben zahlreiche Stichproben auch ergeben. Immer dann, wenn er sich die Ergebnisse der Mitarbeiter anschaut, bessert er noch einmal nach. Er möchte nicht, dass ein Produkt die Abteilung verlässt, hinter dem er nicht zu 100% stehen kann. Er muss sich eingestehen, dass die anderen Ergebnisse nicht falsch sind, Sie entsprechen einfach nur nicht seiner Vorstellung. Leider hat das seinen Preis. Herr Richard stellt fest, dass keiner seiner Arbeitstage weniger als 12 Stunden hat.

Viele Anwälte neigen dazu, Aufgaben selbst zu erledigen anstatt diese konsequent an Mitarbeiter zu delegieren. Das führt zu einer starken Arbeitsbelastung unter der Themen wie Führung und manchmal auch Business Development entfallen. Weiteres Wachstum ist so schlecht darstellbar.

Um Aufgaben zu delegieren ist es wichtig, dass Sie die Leistung und auch Präferenz jedes Mitarbeiters einschätzen können, klar und deutlich das erwartete Ergebnis kommunizieren, regelmäßig kontrollieren und entsprechendes Feedback geben. Überprüfen Sie sich selbst kritisch, ob Sie wirklich alle Aufgaben an das Team abgeben, die nicht unbedingt durch Sie abgearbeitet werden müssen.

Projekte erfolgreich steuern

Sie müssen nicht unbedingt eine Projektleiterausbildung haben, um Projekte gut und erfolgreich steuern zu können. „Steuerung" ist eine Führungsaufgabe, die nicht delegierbar ist. Überlegen wir gemeinsam kurz, was wichtig ist, um ein Projekt erfolgreich zu leiten:

- **Definieren Sie klar und deutlich das Ziel des Projektes und stellen Sie sicher, dass dieses bei den Emp-**

fängern auch angekommen ist

- Überlegen Sie sich, welche Ressourcen Sie für das Projekt benötigen

- Reflektieren Sie, welcher Mitarbeiter das passendste Profil hat und dieses Projekt übernehmen kann

- Achten Sie beim Staffing nicht nur auf die inhaltliche Qualifikation, sondern auch auf die Chemie zwischen den Personen

- Entwerfen Sie eine Timeline und setzen Sie Milestones fest

- Benennen Sie bei mehreren Mitarbeitern einen Projektleiter

- Fordern Sie von dem Projektleiter, dass er Sie regelmäßig über den Status Quo des Projektes informiert

- Vereinbaren Sie mit ihm, wann und in welcher Form er Sie hinzuziehen sollte, wenn Schwierigkeiten auftauchen

- Feiern Sie mit Ihrem Team erfolgreiche Projektabschlüsse

Etwas für das Teamgefühl tun

Erfolge stellen sich nicht durch Einzelarbeit ein. In den meisten Fällen sind die Ergebnisse durch das Zusammenspiel mehrerer entstanden. Das setzt voraus, dass alle Mitarbeiter um die Fähigkeiten und Arbeitsweisen der anderen wissen und Vertrauen darin haben, dass die Arbeitsergebnisse der Teammitglieder ihre eigenen Produkte sinnvoll ergänzen.

Aber nicht nur für die Zusammenarbeit im Projekt ist ein gutes Teamgefühl wichtig, Mitarbeiter fühlen sich dann an eine Praxisgruppe gebunden, wenn sie ihre Kollegen kennen, mögen und eine gewisse Verbindlichkeit untereinander entstanden ist. Es ist wichtig, diesen „Kitt" herzustellen.

Teamgefühl entsteht nicht von alleine. Man muss regelmäßig miteinander Zeit verbringen, um vertieftes Vertrauen untereinander aufzubauen. Daher sollten Sie über Möglichkeiten nachdenken, wie Sie Ihre Mitarbeiter auch im Alltag zusammenbringen können. Projekte gemeinsam gestalten, eine Mentorentätigkeit untereinander vergeben, regelmäßige kurze Treffen oder Telefonate, Essen und Trinken teilen und einmal im Jahr ein Event, dass zusammenschweißt. Wenn Mitarbeiter sich weigern, hieran teilzunehmen, dann ist das ein ernst zu nehmendes Signal, dass etwas mit dem Teamgefühl nicht stimmt.

Beispiel:

Rechtsanwältin und Partnerin Messmer arbeitet an fast jedem Tag 12-14 Stunden. An Privatleben ist leider schon lange nicht mehr zu denken. Dennoch ist sie an den meisten Tagen zwar erschöpft, aber durchaus zufrieden. Die Arbeit macht ihr immer noch Spaß. Einmal im Monat plant sie mit ihrem Team etwas Gemeinsames. Mal gehen alle zusammen essen, in den Bier-

garten, auf die Kartbahn oder besuchen gemeinsam eine Veranstaltung. Kollegen sprechen sie regelmäßig darauf an, ob das Ganze nicht etwas zu viel ist und sie sich nicht lieber etwas mehr um ihr Privatleben kümmern sollte.

Auch das würde Frau Messmer gerne tun, sie merkt aber, dass ihrem Team die gemeinsame Zeit sehr gut tut und die Gemeinschaft dadurch gestärkt wird. Aufgrund der sehr hohen Arbeitsbelastung ist es wirklich nicht einfach für sie, diesen Teamkontakt aufrecht zu halten. Vor zwei Jahren gab es einige Monate, in denen sie die Teamtreffen nicht wahrgenommen hat. Wie schnell man „das Ohr zum Team" dabei verlieren kann, hätte sie bis dahin nicht gedacht. Innerhalb von nur vier Wochen hatte sich die Atmosphäre in dem Bereich deutlich verschlechtert. Das mündete dann auch in zwei völlig überraschende Kündigungen von wichtigen Associates. Diese Situation hat Frau Messmer damals sehr in Bedrängnis gebracht und es war ihr ein Lehrstück, trotz hoher Arbeitsbelastung immer noch Zeit in ihr Team zu investieren.

Kapitel 6

Führen
unter Stress

Partner in Kanzleien stehen häufig unter Stress. Führung ist in diesen Situationen besonders anspruchsvoll, denn das laufende Mandat kann den Partner an seine eigene persönliche Leistungsgrenze bringen. Jeder kann nachvollziehen, dass es in solchen angespannten Situationen so gut wie unmöglich ist, mit klarem Geist professionell und angemessen zu kommunizieren sowie zu führen.

Wie der Körper auf Stress reagiert

Um etwas verändern zu können ist es immer gut, es zunächst zu verstehen. Was passiert eigentlich in Stress Momenten in unserem Körper? Wie genau äußert sich eigentlich Stress? Gibt es Vorboten? Und bis zu welchem Zeitpunkt können wir noch aktiv darauf einwirken und etwas verändern?

Bei Zeitdruck, Informationsüberflutung oder ähnlich anspruchsvollen Situationen werden im Organismus Stresshormone ausgeschüttet. Der Körper bereitet sich darauf vor, entweder zu kämpfen oder zu fliehen. Ob Sie ein Kampf- oder Fluchttyp sind, entscheidet die genetische Disposition sowie soziale Prägung.

Der Kampftyp

Es gibt Menschen, die unter Stress „kämpferisch" werden. Das kann sich durch eine laute Stimme, eine massive und drohende Körpersprache oder kräftige Begriffe und Wörter ausdrücken. Viele Menschen, die einem Kampftyp begegnen sind eingeschüchtert und können sich dagegen nicht adäquat wehren. Der Choleriker ist noch einmal eine besondere Art des Kampftyps, auch diesem begegnet man ab und zu auf Partnerebene oder im Mandantenumfeld.

Der Fluchttyp

Andere Menschen neigen dazu, unter Stress zu flüchten oder auszuweichen. Auch das kann sehr unangenehm sein, da nun die Führungskraft nicht mehr als Ratgeber und Entscheidungsträger für den Associate zur Verfügung steht.

Egal, welcher Typ Sie sind oder ob sich Stress bei Ihnen noch einmal ganz anders äußert. Die körperliche Veränderung im angespannten Zustand hat für Ihre Führungsarbeit Konsequenzen. Ihre Möglichkeit, Optionen und Lösungen zu sehen, verengt sich. Dinge, die Ihnen sonst sofort „ins Auge springen", sind für Sie nicht mehr greifbar. Das Gehirn blockiert das Denken.

Was können Sie in solchen Situationen tun, um professionell zu führen?

Sich selbst herunter regulieren

Um zu verhindern, dass Ihr Stresspegel so hoch ist, dass Sie nicht mehr gut denken und handeln können, ist es sinnvoll, die Vorboten zu erkennen. Was genau passiert in Ihrem Körper, wenn Sie von einem so genannten „grünen" ausgeglichenen Zustand in den „gelben" und dann auch „roten" Zustand wechseln? Was genau verändert sich?

Wenn Sie Ihre Stressboten erkennen, dann sind Sie im „gelben" Stressbereich noch in der Lage, sich selbst herunter zu regulieren.

Wie sich Stress ankündigt

Durch folgende körperliche Signale könnte sich Stress bei Ihnen ankündigen:

- **Ihre Atmung wird schneller**

- **Sie werden unruhig und bewegen sich auf dem Stuhl**

- **Sie fangen an zu schwitzen**

- **Ihr Herz klopft lauter**

- **Ihr Hals wird trocken**

- **Ihre Gedanken springen im Kopf hin und her**

- **Sie werden fahrig**

- **Sie sprechen schneller oder langsamer**

- **Sie werden lauter oder leiser**

Natürlich ist es nicht einfach, in Stresssituationen ruhig und gelassen zu bleiben. Erkennen Sie aber früh genug, dass Sie sich gerade für ein Thema „erwärmen", dann können Sie über folgende Ideen versuchen, sich wieder herunter zu regulieren:

- **Sie atmen bewusst**

- **Sie erweitern Ihren Blick**

- **Sie bewegen sich etwas**

- **Sie trinken oder essen ein wenig**

- **Sie wechseln das Thema**

- **Sie denken an etwas anderes**

- **Sie machen eine Pause**

Training gewisser Abläufe

Wenn aber dieses nicht hilft oder das Herunter Regulieren nicht erfolgreich ist, dann ist es sinnvoll, unter Stress auf Erfahrungen und antrainierte Abläufe und Verhaltensweisen zurückzugreifen.

Stress behindert das Denken, Erfahrungen können aber jederzeit weiter abgerufen werden.

Der eigene Autopilot steht weiter zur Verfügung. Auch ist es wichtig, die Veränderungen des Körpers zu akzeptieren. Wer weiß, dass sein Körper in einer Stresssituation Adrenalin ausschüttet, und sich darauf einstellt, der kann damit auch besser umgehen.

Realität und Ressourcen wahrnehmen

In Stresssituationen ist es entscheidend, die Herausforderung realistisch wahrzunehmen und seine Ressourcen zu kennen.

- **Welcher Associate verfügt über welche Eigenschaften?**

- **Wer kann welche Leistung gerade abrufen?**

- **Wie können Sie die Aufgaben sinnvoll im Team verteilen?**

Notfallplan und das Team vorbereiten

Es kann auch sehr sinnvoll sein, sich einen Notfallplan für Stresssituationen zurecht zu legen und das Team darüber zu informieren. Wie funktioniert der Arbeitsablauf, wenn es eng wird, wer übernimmt dann welche Aufgaben, welche Regeln gelten dann im Team? Unter Stress zu diskutieren ist dann zum Beispiel ein Tabu und es wird in dieser Situation autoritär und klar geführt.

Beispiel:

Dr. Wenz ist Leiter der M&A Praxisgruppe einer großen Kanzlei. Die Arbeit macht ihm sehr viel Spaß, wenngleich diese auch sehr anspruchsvoll ist. Dr. Wenz ist es gewohnt, viel zu arbeiten. Hin und wieder gibt es aber auch bei ihm Tage, an denen er sich überfordert fühlt und mit seinen Kräften am Ende ist. In diesen Stresssituationen neigt er dazu, sein Team anzuschreien und persönlich zu beleidigen. Er ärgert sich selbst darüber, braucht aber manchmal einfach ein Ventil, um seinen Druck zu verteilen. Er stellt leider fest, dass seine Führungsqualitäten gerade in solchen Situationen fehlen. Sein Verhalten des Schreiens und Beleidigens führt dazu, dass das Team noch weniger funktioniert und Fehler sich häufen.

Beispiel:

Frau Dr. Abel kennt diese Stresssituationen. Sie selbst ist Partner im Corporate Bereich und hat Tage, an denen sie mit ihrer Kraft am Ende ist. Früher neigte auch sie dazu, das Team als Ventil zu nutzen, zu schreien oder einfach die Arbeit selber zu machen, bevor sie lange mit den Associates diskutiert. Das führte dazu, dass sie in stressigen Zeiten ihre Zeit nächtelang im Büro verbrachte, während die Associates bereits zu Hause waren. Mittlerweile hat sie ihr Verhalten in Stresssituationen besser im Griff. Wenn sie die ersten Vorboten wahrnimmt versucht sie ganz bewusst, sich selbst wieder herunter zu regulieren und zu entspannen. Das gelingt ihr immer besser. Gemeinsam mit dem Team hat sie zusätzlich einen Notfallplan erarbeitet. Alle haben sich an einen Tisch gesetzt und miteinander festgelegt, wie die Regeln lauten, wenn der Druck im Mandat sehr hoch ist.

Kapitel 7

Typische Führungssituationen in Kanzleien

Es gibt unzählige Situationen in Kanzleien, in denen Führung eine wichtige Rolle spielt. Zwei typische Themen möchte ich exemplarisch kurz herausnehmen und beschreiben, wie Sie konkret Ihre Führungsaufgabe wahrnehmen können.

Die erwartete Leistung wird nicht erbracht

Wenn Sie feststellen, dass Mitarbeiter in Ihrem Team die von Ihnen erwartete Leistung nicht - regelmäßig - erbringen, sollten Sie nicht bis zum nächsten Jahresgespräch abwarten, sondern unmittelbar handeln. Bevor Sie ein Gespräch führen, reflektieren Sie sich bitte kurz selbst. Haben Sie eine ganz klare Vorstellung von den Arbeitsergebnissen oder ist ein Sollzustand an die Mitarbeiter nie kommuniziert worden? Sind Sie ganz sicher, dass Sie Ihre Erwartungshaltung an die Mitarbeiter auch klar und eindeutig kommuniziert haben?

Wenn Sie Zweifel daran haben, dann sollten Sie jetzt wahrnehmen, dass Sie Ihrer Führungsaufgabe in diesen Punkten nicht gerecht geworden sind und sich selbst ab sofort verändern bzw. verbessern müssen. Dazu können Sie die nächsten Briefinggespräche nutzen oder Sie sprechen das Thema bei einem nächsten Teammeeting an:

Beispiel:

„Liebes Team, die Arbeitsergebnisse entsprechen aktuell nicht meinen Erwartungen. Das mag daran liegen, dass ich meine Erwartungshaltung nicht klar benannt habe, was ich heute gerne nachholen möchte. Folgenden Kriterien sollte jedes Arbeitsergebnis entsprechen... Ich bitte Sie, dieses ab sofort zu berücksichtigen und wir werden im nächsten gemeinsamen Gespräch dann schauen, ob sich die Ergebnisse verändert haben. Vielen Dank!"

Sind Sie dagegen ganz sicher, dass es nicht an Ihrer kommunizierten Erwartungshaltung liegt, dann ist ein unmittelbares Gespräch mit dem Mitarbeiter wichtig. Das Gespräch sollte in angenehmer Atmosphäre und unter vier Augen stattfinden:

Beispiel:

„Lieber Mitarbeiter x, ich möchte mich heute gerne über ihre Arbeitsergebnisse unterhalten. Besonders gefällt mir an denen.... Allerdings gibt es auch Punkte, die ich mir anders vorstelle. Folgendes Beispiel möchte ich ihnen gerne geben...Meine Erwartungshaltung war hier folgende... Wie nehmen sie dieses wahr?"

Ganz entscheidend in diesem Gespräch ist es herauszufinden, ob auch der Mitarbeiter erkennt und wahrnimmt, wo er die Leistung nicht erbracht hat. Ist dieses nicht der Fall, also die Selbst- und Fremdwahrnehmung fällt auseinander, dann ist es Ihre Aufgabe, die Sicht des Mitarbeiters auf seine Ergebnisse zu verändern.

Möglicherweise sollte er sich dazu Feedback von weiteren Personen einholen, die seine Ergebnisse ähnlich wie Sie wahrnehmen. Weigert sich der Mitarbeiter aber mehrfach, sein Bild zu verändern, dann wird es fast unmöglich sein, eine Änderung herbeizuführen. In diesem Falle sollten Sie überlegen, ob Sie an dem Mitarbeiter festhalten oder sich mittelfristig von ihm trennen.

Gehen wir aber einmal davon aus, dass der Mitarbeiter erkennt, in welchen Bereichen sein Ergebnis von dem Gewünschten abweicht. Nun ist es wichtig zu erfragen, was verändert werden muss, damit er ab sofort den gewünschten Standard erarbeiten kann. Benötigt er vielleicht ein ausführlicheres Briefing, zwischendurch Korrekturen, Vorlagen, an denen er lernen kann, Schulungen, Zeit oder Unterstützung durch andere? Wichtig ist, dass der Mitarbeiter sich selbst die Frage stellt und eine passende Antwort darauf findet. Insofern endet das erste Gespräch erst einmal damit, dass Sie den Mitarbeiter bitten, sich genau darüber Gedanken zu machen und sich innerhalb einer Woche zu melden - mit einem entsprechenden Vorschlag.

Ist eine Lösung gefunden heißt es nun, dranbleiben. Besonders die Ergebnisse dieses Mitarbeiters sollten

Sie in den kommenden Wochen engmaschig kontrollieren um zu schauen, ob sich die Leistung verändert. Im besten Falle wird dieses so sein. Stellen Sie aber fest, dass die vorgeschlagene Maßnahme des Mitarbeiters keine Verbesserung des Ergebnisses bringt - und sich immer wieder die gleichen Fehler einschleichen - dann muss ein weiteres Gespräch mit genau diesem Feedback stattfinden.

Wieviel Zeit Sie sich nehmen, den Grund herauszufinden und ob Sie denken, dass der Mitarbeiter sich verbessern bzw. verändern kann, müssen Sie für sich entscheiden. Zwei bis drei Gespräche würde ich persönlich führen. Wenn sich danach keine wesentliche Verbesserung einstellt, sollten Sie über eine Veränderung des Arbeitsbereiches, Umsetzung oder auch eventuell über eine Trennung nachdenken.

Wie Sie wissen, ist es gerade in großen Kanzleien absolut üblich, dass Associates nach einigen Jahren überlegen, ob ein Arbeitsplatz in einem Unternehmen oder Staatsdienst attraktiver ist. Insofern wird eine gewisse Fluktuation immer an der Tagesordnung sein und ist auch von Ihnen meistens gewünscht. Allerdings sollten Sie hellhörig werden, wenn sich eine „Kündigungswelle" entwickelt. Finden diese Gesprächs statt, ist es meistens aber schon zu spät. Insofern ist es sehr wichtig, dass Sie die ersten Warnsignale in Ihrem Team aufnehmen. Folgende Anzeichen sollten Sie ernst nehmen:

• **Der oder die Mitarbeiter nehmen nicht mehr an gemeinsamen Veranstaltungen teil**

- **Die Antworten werden einsilbig und der Mitarbeiter kämpft und engagiert sich nicht mehr für seine Ziele und Aufgaben**

- **Die Arbeitszeiten werden immer stärker reduziert**

- **Es werden kaum noch Fragen gestellt**

- **Insgesamt ist die Stimmung drückend**

- **Der Mitarbeiter wendet sich an die Personalabteilung**

- **Das Verhalten des Mitarbeiters ist ungewöhnlich**

Wenn Sie eines oder auch mehrere dieser Zeichen wahrnehmen und den Mitarbeiter halten möchten, sollten Sie zügig ein Gespräch unter vier Augen führen. Dort ist es wichtig, dass Sie zunächst Ihre Wahrnehmung kurz beschreiben und sich dann ein Feedback von dem Mitarbeiter einholen.

Je nachdem, wieviel Vertrauen im Raum ist, wird der Mitarbeiter Ihnen dann eine nachvollziehbare Antwort geben oder ausweichen. Überlegen Sie sich nach dem Gespräch, ob Sie die Hürden des Mitarbeiters auflösen bzw. die Wünsche beantworten können. Wenn Sie zu dem Schluß kommen, dass dieser Mitarbeiter nicht (mehr) zu halten ist, dann sorgen Sie sich jetzt schon frühzeitig um einen Ersatz.

Mitarbeiter zeigen ihre Unzufriedenheit durch unterschiedliche Signale. Diese können Sie nur dann wahrnehmen, wenn der Kontakt untereinander besteht.

Die Atmosphäre im Team ist schlecht

Die Atmosphäre in Ihrem Team immer auf einem positiven Level zu halten, ist bei Ihrer Arbeitsbelastung keine einfache Aufgabe. Und dennoch ist es Ihre zentrale Aufgabe als Führungskraft. Daher sollten Sie bei der Zusammenstellung und Auswahl Ihres Teams neben den fachlichen Fähigkeiten auch darauf achten, ob der Mitarbeiter in das Team passt.

Ein homogenes Team wird weniger Konflikte untereinander austragen, als ein heterogenes. Dagegen sind die Arbeitsergebnisse eines gemischten Teams in den meistens Fällen besser, da sich unterschiedliche Persönlichkeiten ergänzen und die Projekte durch verschiedene „Brillen" betrachtet werden. Sie sollten für sich entscheiden, ob Sie ein Team managen möchten und auch können, dass aus sehr unterschiedlichen Persönlichkeiten besteht und wo möglicherweise häufiger Konflikte untereinander ausgetragen werden müssen.

Eine schlechte Atmosphäre in Ihrem Team muss aber nicht zwangsläufig damit zusammenhängen, dass verschiedene Persönlichkeiten aufeinandertreffen. Menschen, die andere Eigenschaften und Stärken verkörpern, nehmen sich manchmal auch als große und interessante Ergänzung wahr. Insofern gilt auch hier zunächst herauszufinden, woran genau Sie eine sich verändernde Teamstimmung festmachen. Signale einer schlechten Stimmung im Team sind unter anderem:

- **Die Mitarbeiter sprechen nur noch wenig**

miteinander oder mehr übereinander

- **Es wird nicht mehr miteinander gelacht**

- **Gemeinsame Mittagessen finden nicht mehr statt**

- **Die Mitarbeiter unterstützen sich nicht mehr in Projekten**

- **Gemeinsame Veranstaltungen werden gemieden**

- **„Etwas Drückendes" liegt in der Luft**

Bei diesen Anzeichen sollten Sie handeln. Spielt sich ein Konflikt nur zwischen zwei Personen ab, dann ist es sinnvoll, dieses auch nur im kleinen Kreis zu besprechen bzw. zu diskutieren. Wenn Sie aber das Gefühl haben, dass das ganze Team untereinander nicht mehr gut zusammen funktioniert, dann muss das Thema im großen Kreis angegangen werden. Wie genau es jetzt weitergeht hängt davon ab, was Sie sich selbst zutrauen. Sich nicht um den Konflikt zu kümmern, ist aus meiner Sicht keine Option, da Sie Gefahr laufen, einen oder mehrere Mitarbeiter zu verlieren und die schlechte Stimmung sich in nicht guten Arbeitsergebnissen widerspiegeln kann.

Ganz zu schweigen von einem nicht offenen und stimmigen Auftritt gegenüber dem Mandanten, der diese Atmosphäre als nicht angenehm wahrnehmen wird. Im schlimmsten Falle kann Sie so etwas sogar das Mandat kosten.

Was sind also die Optionen? Sie können sich mit dem

Team zusammensetzen und das Thema (Ihre Wahrnehmung) ansprechen und um Feedback bitten. Wenn das Team Ihnen vertraut und der Kontakt zu den Mitarbeitern gut ist, ist es durchaus möglich, dass sich die Teilnehmer öffnen werden. Je nach Ausgang und Thema sollten Sie dann handeln.

Eine weitere Möglichkeit ist es, sich an die Personal Abteilung zu wenden, dort das Thema zu schildern und um Einschätzung und Unterstützung zu bitten. Vielleicht ist diese bereit, als Moderator an der Teamrunde teilzunehmen oder führt zunächst Gespräche mit den Teammitgliedern. Wenn auch das für Sie nicht die richtige Option ist, sollten Sie sich an einen externen Berater wenden. Ich und auch andere Kollegen werden regelmäßig in diesen Themen gebeten, Teamworkshops durchzuführen. Dieses Vorgehen hat den Vorteil, dass Sie sich in der Runde nicht in einer „Doppelrolle" (Moderator und Führungskraft), sondern ausschließlich als Manager zeigen können. Wie hoch die Wahrscheinlichkeit ist, eine Teamatmosphäre schnell aufzulösen, kann ich an dieser Stelle nicht beantworten. Viele Faktoren spielen hier eine Rolle.

Kapitel 8

Don`ts in Sachen Führung

Unauthentisch und damit unglaubwürdig sein

Für Ihre Mitarbeiter sind Sie als Führungskraft nicht nur ein Vorbild, sondern auch der „Fels in der Brandung". Von Ihnen hängt es ab, wie sich der Bereich und ihre Karriere weiter entwickeln wird. Ihre Mitarbeiter möchten Ihnen vertrauen und auf Ihr Wort bauen können. Das passiert aber nur dann, wenn Sie als Mensch authentisch und damit auch glaubwürdig sind.

Um so wichtiger ist es, dass Sie Ihren persönlichen Führungsstil finden, der zu Ihnen passt und dennoch erfolgreich ist.

Intoleranz anderen Menschen gegenüber

Als Führungskraft haben Sie jeden Tag mit Menschen zu tun. Geschlecht, Alter, sozialer Hintergrund, Nationalität, sexuelle Orientierung, Religion, politische Einstellung, Historie im Unternehmen, Ausbildungsweg – all das macht etwas mit uns und unserem Verhalten. Für Sie muss klar sein, dass alle Menschen den gleichen Wert besitzen und Sie jeden gleich behandeln. Natürlich dürfen Sie es sich erlauben, persönliche Präferenzen zu haben und feststellen, dass Sie mit dem einen oder anderen „Menschenschlag" besser oder schlechter zurecht kommen oder Berührungsängste haben.

Das ist menschlich. Es darf von Ihnen aber erwartet werden, dass Sie dieses reflektieren und darum wissen. Im beruflichen Alltag sollten Sie dann ganz bewusst darauf achten, dass sich Ihre Ängste nicht in diskriminierendes Verhalten wandelt. Das wäre für die Teamstimmung äußerst schlecht. Wenn Sie feststellen, dass Sie dennoch einen Mitarbeiter ablehnen, dann versuchen Sie, für diesen eine Alternative zu finden.

Sich nicht mit der Kanzlei identifizieren

Wenn Sie von Mitarbeitern erwarten, dass sie sich mit der Kanzlei identifizieren sollen, dann fängt das natürlich bei dem entsprechenden Vorgesetzten, also Ihnen, an. Wie sehr sind Sie mit Ihrer Kanzlei verbunden? Und wie genau bringen Sie dieses jeden Tag gegenüber Ihren Mitarbeitern zum Ausdruck?

Die Gesundheit der Mitarbeiter nicht beobachten

Beispiel:

Rechtsanwalt Dr. Luv ist seit zwei Jahren Associate in einer Münchner Kanzlei. Er arbeitet jeden Tag mindestens 12 Stunden, oftmals auch länger, je nachdem, welche Mandate gerade anstehen.

Früher hat er viel Sport getrieben, Joggen und Rennradfahren sind seine Leidenschaft. Seitdem er aber in der Kanzlei arbeitet, bleibt dafür leider keine Zeit mehr. Abends hat er Schwierigkeiten einzuschlafen und „runterzukommen". Daher trinkt er mittlerweile gerne den einen oder andere Schluck Wein, um sich zu entspannen. Er weiß, dass auch viele seiner Kollegen dieses Mittel der Entspannung regelmäßig wählen. Eigentlich ist es ihm auch wichtig, mittags etwas Warmes zu essen, aber mittlerweile holt er sich mittags meistens nur ein Sandwich oder etwas anderes „auf die Hand". Seit einer Woche stellt er fest, dass er hin und wieder Schwindelanfälle hat und die Buchstaben auf seinem Monitor hin und her springen. Sein Herz fängt immer wieder an zu rasen und er schwitzt. Auch fällt ihm das Atmen sehr schwer. Eigentlich kann das alles gar nicht sein. Er ist gerade 32 Jahre alt und eigentlich in einer sehr guten körperlichen Verfassung. Seine Kollegen um in herum erbringen das gleiche Arbeitspensum wie er selbst und haben keine derartigen Erscheinungen.

Und überhaupt, selbst wenn er dieses seinem Chef

berichten sollte, was würde sich dann schon ändern? Dieser kommt sogar mit einer Erkältung, gebrochenem Bein oder Schlimmeres ins Büro und hat wenig Verständnis dafür, wenn andere nicht das Gleiche leisten. Dr. Luv hat die Befürchtung, dass er schon jetzt von seinem Chef „aussortiert" wird, wenn er weiß, dass er diesem Arbeits- und Stresspensum aktuell scheinbar nicht gewachsen ist. Soll er sich selbst jetzt schon seine Karriere verbauen, indem er diesen kleinen Erschöpfungszuständen nachgeht?

Er entscheidet sich dagegen und macht weiter. Insgeheim hat er aber große Ängste. Hoffentlich gibt ihm sein Körper keine weiteren Warnsignale. Denn irgendwann kann auch er nicht mehr darüber hinwegsehen.

Die Belastung als Rechtsanwalt ist sehr hoch. Und nicht alle Anwälte kümmern sich neben der Arbeit noch ganz bewusst um ihre Gesundheit. Viele Mitarbeiter in Kanzleien haben heute das Gefühl, den Anforderungen nicht mehr gewachsen zu sein und werden psychisch oder physisch krank. Dieses Thema ist sehr ernst zu nehmen. Da Sie als Führungskraft für Ihre Mitarbeiter zuständig sind, sollten Sie sich damit vertraut machen, in welcher Form sich erste Signale von Erkrankungen zeigen. Rückenprobleme, Depressionen, Burnout oder einfach Antriebslosigkeit sind ernstzunehmende Signale und Krankheitsbilder.

Viele große Unternehmen verfügen mittlerweile über ein professionelles Verfahren für das Gesundheitsmanagement. In Anwaltskanzleien sieht es dagegen oftmals anders aus. Kanzleien möchten vielleicht erst gar nicht mit ersten Angeboten locken, die später von den

Berufsträgern auch aktiv eingefordert werden.

Sich nie in Frage stellen lassen

„Lebenslanges Lernen", so lautet unser Anspruch. Wer, wenn nicht Sie als Führungskraft, sollte dieses dann auch vorleben. Was bedeutet das genau?

Nichts ist statisch und bleibt gleich. Märkte, Mandanten und der Wettbewerb verändern sich. Die Digitalisierung wird viele unserer Arbeitsweisen in Frage stellen. Wir dürfen daher davon ausgehen, dass wir unseren Bereich und unsere Aufgaben noch mehrmals verändern müssen, um wettbewerbsfähig zu bleiben. Für die eine oder andere Veränderung werden wir uns neue Verhaltensweisen oder Muster aneignen müssen, über die wir heute noch nicht verfügen. Gehen Sie daher mit gutem Beispiel voran und lassen Ihre Arbeitsweise und Ihre Marktpositionierung immer wieder in Frage stellen. Fordern Sie aktiv Feedback von Kollegen und Mitarbeitern ein und zeigen Sie, dass „Kritisieren" unabhängig von der Hierarchiestufe funktioniert und erlaubt ist. „Jung lernt von Älter und umgekehrt".

Das bedeutet keinesfalls, dass Sie alle Wünsche, Tipps und Veränderungen auch annehmen müssen. „Picken" Sie sich einfach die interessantesten Ideen heraus. Wenn Sie möchten, dass Ihre Mitarbeiter offen, agil, flexibel und kreativ sind, dann sollten auch Sie diese Attribute verkörpern.

Das eigene Ego in den Mittelpunkt rücken

Beispiel:

Dr. Wetzlar ist Partner in einer Kölner Kanzlei. Er ist einer der umsatzstärksten Partner und hat einen sehr guten Ruf bei den Mandanten. Aktuell bietet die Kanzlei Training zum Thema Führung an. Dr. Wetzlar nimmt an diesem teil, obwohl er selbst der Meinung ist, bereits alles zu beherrschen. Er ist mittlerweile Mitte 50, wer will ihm jetzt noch etwas dazu sagen? Seit 20 Jahren führt er ein Team.

Die Personal Abteilung sieht das ganz anders. Regelmäßig gibt es zaghafte und vorsichtig formulierte Beschwerden über Dr. Wetzlar. Die Associates fühlen sich mit ihm nicht wohl. Zwar bewundern alle seine Expertenstellung und jeder würde gerne fachlich bei ihm lernen. Allerdings gelingt diese Umsetzung nicht.

Dr. Wetzlar, so erzählt man unter Kollegen und Associates, liebt sich selbst sehr. Generell hat keiner etwas gegen ein gesundes Selbstbewusstsein einzuwenden. Seine Selbstliebe geht allerdings so weit, dass er sich selbst am liebsten reden hört. Er stellt so gut wie keine Fragen und läßt andere kaum zu Wort kommen. Die Arbeitsergebnisse sind immer nur dann perfekt, wenn sie von ihm kommen, so meint er. Und auch über die Art und Weise, wie Mandate bearbeitet werden, diskutiert er nicht. Er ist sich sicher, dass er den besten Weg gefunden hat.

Interessant ist, dass Dr. Wetzlar gegenüber seinen Mandanten ganz anders auftritt. Hier ist er deutlich ruhiger, hört zu und unterbricht nur selten.

Zu Führen bedeutet auch, mal einen Schritt zurückzutreten und dem Anderen die Bühne zu überlassen. Sie sind als Führungskraft für das Wohl und Wehe Ihrer Mitarbeiter verantwortlich. Und das setzt voraus, dass Sie auch andere Menschen hin und wieder in den Mittelpunkt stellen können. Natürlich brauchen auch Sie Wertschätzung, Lob und Anerkennung - Ihre Mitarbeiter aber auch.

Mit linken Tricks führen

Mitarbeiterführung und -motivation ist zum großen Teil natürlich auch immer Psychologie. Es kann nicht schaden, wenn Sie sich hier etwas auskennen und wissen, was für Arten von Motivatoren es gibt und wie Sie diese einsetzen.

Wichtig bleibt, dass Sie am Ende des Tages für den Mitarbeiter und sich selbst eine win-win Strategie erzielen. Natürlich können Sie mit psychologischen Wissen Menschen und auch Mitarbeiter manipulieren. Aber warum sollten Sie das tun? Sie möchten, dass Ihre Mitarbeiter ein bestimmtes Verhalten zeigen, und zwar dauerhaft. Da ist es sinnvoll, nichts gegen den Willen, sondern mit dem Willen des Mitarbeiters zu unternehmen. So können Sie sicher sein, dass das gewünschte Verhalten nicht nur kurzfristig, sondern über eine lange Zeit freiwillig verläuft.

Ein Mitarbeiter, der verstanden hat, dass seine Führungskraft ihn gegen seinen Willen manipuliert, wird
jedes Vertrauen in das Verhalten und auch die Zusa-
gen verlieren. Und das mit Recht. Insofern können Sie
aus meiner Sich mit bewussten Manipulationen dauerhaft nur verlieren. Es sei denn, Sie setzen auf den kurz-
fristigen Erfolg. Aber auch dann wird sich die Art und
Weise Ihrer Führung herumsprechen.

Intransparent sein

Vielen Führungskräften wird erzählt, das Wissen Macht
sei und man daher damit sehr vorsichtig und verhalten
umgehen sollte. Das ist grundsätzlich sicher auch richtig. Die Frage ist nur, wem gegenüber Sie diese Macht
ausleben möchten?

Sie stehen schon aufgrund des Organigramms immer
über Ihren Mitarbeitern und erhalten schneller Informationen, als diese. Welche Sie dann weiterleiten oder
Sie für sich behalten, liegt in Ihrem Ermessen. Mit Mitarbeitern sollten Sie keine politischen Spiele betrei-
ben. Spielen Sie mit offenen Karten, so bekommen Sie
das volle Vertrauen zurück. Und nur so können beide
Seiten sinnvoll miteinander arbeiten.

Kapitel 9

Führung der Generation Y - Ist das wirklich so anders?

Ein Buch zum Thema Führung für Rechtsanwälte wäre nicht vollständig ohne einen Ausflug zur Generation Y bzw. Z, die aktuell immer noch den einen oder anderen Rechtsanwalt bzw. Kanzlei fragend zurück lässt und auf die nicht immer eine Antwort gefunden wird.

Beispiel:

Rechtsanwalt Ode ist seit vielen Jahren Partner in einer Kölner Kanzlei. Er ist bei den Mitarbeitern beliebt und daher auch in der Kanzlei für den Bereich Personal verantwortlich.

Gerade in den letzten Monaten hat er sich viel mit dem Thema „Generation Y und Z" beschäftigt und war der festen Überzeugung, dass er auch diesen Bewerbern ein attraktives Arbeitsumfeld anbieten kann. Bislang ist er noch mit jedem Bewerberwunsch gut umgegangen. Nach 12 Monaten intensiver Recherche und vielen Erfahrungen zieht Herr Ode allerdings ein anderes

Fazit. Einer Kollegin gegenüber berichtet er, dass er auf „diese Menschen" - gemeint ist damit Generation Y und Z - keine Lust mehr hat. Er ist tief enttäuscht von einer Generation, die immer nur noch „haben" möchte und nicht bereit ist, dafür entsprechende Leistung zu erbringen. Er hat in den letzten Monaten viele junge Bewerber, Associates und Praxisgruppenleiter befragt.

Dieses hat ein katastrophales Bild ergeben. Er ist mit Forderungen konfrontiert worden, über die er nur noch lachen kann. Es sind Wünsche geäußert worden wie zum Beispiel:

- Flexible Arbeitszeiten für Mütter und Väter

- Home Office

- Arbeiten von anderen Standorten aus

- Partner in Teilzeit

- Mehr Zeit für Aus- und Weiterbildung

- Geregeltere und auch kürzere Arbeitzeiten

- Mehr Zeit für das Privatleben und die Familie

Dieses sind nur einige der Forderungen, mit denen er konfrontiert worden ist. Er stellt sich die Frage, ob diesen Menschen eigentlich klar ist, dass sie in einer Anwaltskanzlei und nicht in einem Großkonzern arbeiten. Anspruch und Wirklichkeit klaffen so weit auseinander, dass er ratlos ist, wie er überhaupt auf diese Menschen zugehen soll.

Ist das tatsächlich der Maßstab, hat er nicht richtig zu-
gehört oder einfach eine besonders anspruchsvolle
Gruppe junger Menschen getroffen?

Faul und unzuverlässig oder einfach nur andere Werte?

Die Mitarbeiter haben sich verändert. In den Kanzleien und Unternehmen rücken mit den sogenannten „Generationen Y und Z" junge Frauen und Männer nach, die ein anderes Wertesystem als die heute 40 und 50jährigen Anwälte haben. Sie sagen zwar auch „ja" zur Leistung, betrachten Arbeit aber primär als ein Instrument zur Sicherung der Existenz des gewünschten Lebensstandards. Und zudem wollen sie ihre Arbeit als befriedigend erfahren.

Diesen Wertewandel gilt es erst einmal wahrzunehmen und zu akzeptieren. Viele Rechtsanwälte neigen dazu, diese Tatsache entweder zu ignorieren oder aber abzuwerten. Ihrer Meinung nach sind diese „neuen Werte" in einer Kanzleiwelt nicht lebbar und mit den täglichen Ansprüchen des Mandanten nicht kompatibel. Dabei wird oftmals gar nicht wahrgenommen, dass nicht nur junge Mitarbeiter diese Ansprüche stellen, sondern auch die „Älteren" sich auf den Weg machen. Auch die heute 40 und 50jährigen Berufsträger wollen „mehr" vom Leben haben und lassen sich oftmals vom neuen Spirit der jungen Generation anstecken.

Die Augen davor zu verschließen wäre fatal und hat zur Folge, dass eine Kanzlei sowohl für jüngere, aber auch durchaus einige ältere Mitarbeiter nicht mehr attraktiv und begehrenswert ist.

Dieser Wertewandel und neue Anspruch ist sicher verwirrend und läßt erst einmal viele Fragen offen und unbeantwortet. Menschen neigen dazu, das „Andere, Unbekannte" erst einmal abzuwerten oder gar zu ignorieren. Wenn Sie in dieser Phase aber verharren, wird das für Sie mittelfristig einschneidende Konsequenzen haben (können). Sie werden nicht mehr als attraktive Kanzlei wahrgenommen, bei der man gerne arbeitet. In Bewertungsportale wie unter anderem „kununu" kann schnell (berechtigt oder unberechtigt) sichtbar werden, welche Kanzlei diesen Kulturwandel beantwortet und welche Arbeitgeber den Schritt nicht mitgehen.

Häufig hört man, die Generation Y und Z sei „unzuverlässig", „faul" und „wählerisch". Die Andersartigkeit des Anspruchs wird nicht immer genau analysiert und in den Führungsalltag integriert, sondern negativ bewertet und weggestossen. So bleibt die Enttäuschung groß. Die Führungskraft steht manchmal „hilflos" den Ansprüchen der jungen Associates gegenüber und weiß nicht, wie sie diese motivieren und binden soll.

Berufsträger der jungen Generation haben dagegen das Gefühl, dass keiner sie richtig versteht und fühlen sich zu Unrecht als faul und unzuverlässig betitelt. Wollen sie doch auch Leistung erbringen, nur unter anderen Vorzeichen. Wie genau dieses mit den Anforderungen einer Kanzlei vereinbar ist, wird nur selten zwischen „Jung" und „Älter" offen diskutiert.

Beispiel:

Rechtsanwalt Ide hat gerade einen Vortrag zur Generation Y gehört. Er hat eigentlich überhaupt kein Interesse, sich mit diesem Thema auseinanderzusetzen, weiss aber, dass auch in seinem Team die Ansprüche sich verändert haben. Eine Idee des Vortrages war, einen Workshop mit den Mitarbeitern durchzuführen, um die Erwartungen an die Führungskraft aufzunehmen. Herr Ide hat die Mitarbeiter gebeten, ohne ihn einen zweistündigen Workshop durchzuführen und ihm dann die Ergebnisse zu übersenden. Er denkt, dass er sich dann immer noch entscheiden kann, was er beantworten möchte und welche Wünsche er ablehnt.

Gesagt, getan. Der Workshop findet statt und Herr Ide erhält die Ergebnisse. Er kann mit den dortigen Wünschen, wie „stärkere Einbindung in das Mandat", „mehr Kommunikation" und auch „größere Verantwortung" überhaupt nichts anfangen. All diese Themen, so denkt er, lebt er schon seit Jahren. Warum werden diese Punkte kritisiert? Typisch Workshop, so denkt er, kostet alles nur Zeit, bringt aber am Ende des Tages gar nichts.

Auf dem Weg zur Kaffeemaschiene trifft er Rechtsanwältin Busse, die den gleichen Vortrag zum Thema Generation Y besucht hat. Diese berichtet ihm, dass auch sie die Idee mit dem Workshop aufgenommen hat. Letzte Woche hat sie diesen gemeinsam mit ihrem Team durchgeführt und sehr viel aus den Diskussionen gelernt. Herr Ide ist irritiert. Wahrscheinlich wäre der Workshop auch für ihn wertvoller gewesen, wenn er sich selbst mit eingebracht hätte. Auf diese Idee ist *er gar nicht gekommen. Er war davon ausgegangen, dass es sich hier um ein Thema der Mitarbeiter handelt und daher auch diese gemeinsam das Ergebnis erarbeiten müssen. Ein weiterer Grund, warum er nicht teilgenommen hat ist, dass er gar nicht weiß, wie er einen Workshop mit diesem Thema leiten soll.*

Bedingungsloser Gehorsam? Die Zeiten sind vorbei!

Genau diese Tatsache ist vielen Rechtsanwälten und Führungskräften nicht ausreichend bewusst. Sie erwarten von ihren Mitarbeiter insgeheim noch immer, dass sie sich bedingungslos den Vorgaben ihrer Vorgesetzten und den Zielen der Kanzlei unterordnen. Die Zeiten eines bedingungslosen Gehorsams und einer bedingungslosen Loyalität sind jedoch vorbei. Die Leistungsträger in der nachrückenden Generation wollen außer einem guten Einkommen auch Mitsprache- und Entscheidungsmöglichkeiten sowie Gestaltungsspielräume haben. Und dies zu Recht! Denn von ihnen wird erwartet, dass sie – sei es alleine oder im Team – ihre Aufgaben eigenverantwortlich lösen.

Hierzu sind sie in der Regel auch bereit. Sofern sie für diese Leistung seitens ihrer Vorgesetzten auch die erforderliche Anerkennung und Wertschätzung erfahren – und zwar nicht nur in Form von Phrasen wie „Das schaffen Sie schon" oder „Das haben Sie gut gemacht". Sie erwarten von ihren Führungskräften vielmehr eine aktive Unterstützung, Weitergabe von Information und Einbindung in Entscheidungsprozesse. Der allein vor sich hin arbeitende Rechtsanwalt, der nur zur Not mit dem Team kommuniziert und sich ansonsten lieber in seine Aufgaben vertieft, hat ausgedient und wird die Bedürfnisse der neuen Generation durch dieses Verhalten nicht beantworten können.

Das stellt die Führungsmodelle - sofern überhaupt welche vorhanden sind - der Kanzleien in Frage. Denn in vielen Praxisgruppen wird zwar oft ein kooperativer Führungsstil propagiert, die Führungsrealität sieht aber anders aus. In Kanzleien legitimiert Führung ihre Autorität noch primär über die hierarchische Position; des Weiteren über einen Vorsprung an Erfahrung, Wissen und Information. Und häufig wird von den „Untergebenen" im Arbeitsalltag primär Gehorsam erwartet. Gute Führung wird daran gemessen, wie die Mitarbeiter „spuren". Zugleich wird aber betont: Unsere Mitarbeiter müssen eigenständiger denken und handeln. Hieraus resultiert ein Grundkonflikt, für den viele Kanzleien noch keine Lösung gefunden haben.

Sich wechselseitig vertrauen und ernst nehmen

Dahinter steckt eine weitere Erwartung der Leistungsträger von morgen. Sie wollen das Gefühl haben: Ich und das, was ich tue, hat eine Bedeutung. Sie lassen sich nicht mehr mit Motivationstricks aus der „Führungsmottenkiste" stimulieren. Sie wollen ihre Arbeit selbst als sinnhaft erfahren. Gelingt ihren Führungskräften diese Sinnvermittlung nicht, sinken ihr Commitment und Engagement. Zudem steigt die Fluktuation. Denn die Leistungsträger von morgen sind nicht nur anspruchsvoller als ihre Vorgänger, sie sind auch unabhängiger. Erfüllt ein Arbeitgeber ihre Erwartungen nicht, wechseln sie zum Wettbewerber. Das ist hart, aber Realität.

Daher ist im Bereich Führung in vielen Kanzleien ein Musterwechsel nötig. Partner müssen künftig, um Talente zu binden, eine vitale Kooperationsbeziehung mit ihnen eingehen – auf Augenhöhe. Dies setzt ein wechselseitiges Sich-Vertrauen und -Ernstnehmen voraus, das sich im tagtäglichen Miteinander dokumentiert. Das erfordert widerum, dass die Partner nicht nur von ihren Mitarbeitern fordern, ihr Denken und Handeln zu reflektieren und bei Bedarf zu ändern. Auch sie selbst müssen ihr Verhalten hinterfragen und gegebenenfalls revidieren, so dass ihre Performance als Führungskraft steigt. Oder anders formuliert: Partner müssen sich auch selbst – und nicht nur ihre Mitarbeiter – als Lernende begreifen.

Schaut man also genauer hin, so stellt man fest, dass die soeben genannten Vorurteile längst überholt sind.

Generation Y oder auch „Millennials" möchten, dass

- **Die Arbeit, die sie leisten, etwas wert ist**

- **Die Unternehmenskultur passend ist**

- **Sie von Führungskräften bzw. Vorgesetzten respektiert werden.**

Eigentlich Wünsche, die wir alle an den Arbeitgeber haben und die nicht falsch sind.

Da die Themen Wertschätzung (wertschätzender Umgang unter- und miteinander im Arbeitsalltag) und professionelle Führung in vielen Kanzleien allerdings noch nicht immer in der Kanzlei DNA verankert ist, ist es auch nicht verwunderlich, dass viele Rechtsanwälte sich schwer damit tun, diese Generation überzeugend an sich zu binden.

Dabei ist es eigentlich ganz einfach,. Wenn man genau zuhört und bereit ist, seine eigenen Strukturen und Umgangsformen zu überdenken, dann wird man auch mit dieser Generation eine win-win Situation finden. Denn fördert man sie „richtig", dann sind diese Mitarbeiter - wie alle anderen auch - fleißige und innovative Team-Player. Zu bedenken ist dabei aber, dass sie Fehler weniger verzeihen, als Anwälte das vielleicht oftmals gewohnt waren und auch noch sind. Die „Leidensfähigkeit" der Associates hat in der jüngeren Generation definitiv abgenommen.

Falsche Führung kann sie schnell demotivieren – und sie haben kein Problem damit, die Kanzlei für neue, bessere Möglichkeiten zu verlassen. Das wird für die Anwälte und Kanzleien „gefährlich" werden, die darauf beharren, sich nicht zu ändern und auf das bestehende System beharren.

Vielleicht kommen Sie zu dem Ergebnis, dass Sie sehr gerne für die Generation Y Ihre Führung ausbauen und erweitern möchten. Was genau sollten Sie dann beachten und tun? Was muss sich verändern?

So motivieren Sie Generation Y

Beispiel:

Rechtsanwalt Dicke spürt schon seit einiger Zeit eine gewisse Unzufriedenheit in seinem kleinen Team. Da er weder Zeit noch Lust hat, sich mit jedem Mitarbeiter einzeln zu beschäftigen und die Gefühlswelt aller aufzunehmen ist seine Idee, allen eine Provision auszuzahlen.

In der nächsten Teamrunde stellt er dieses Ergebnis vor und ist mehr als überrascht, dass keine positiven Kommentare dazu abgegeben werden. Es scheint vielmehr so zu sein, dass die Mitarbeiter dieses einfach zur Kenntnis nehmen. Ist seine Art zu motivieren nicht mehr zeitgemäß und damit wirkungslos?

Motivation ist immer individuell, insofern kann man sicher auch nicht behaupten, dass alle Menschen der Generation Y und Z sich durch die gleichen Zuwendungen motivieren lassen. Dennoch gibt es aber einige Themen, die für fast alle Millenials wichtig sind. Besondere Bedeutung für sie haben:

- **Werte und Visionen eines Unternehmens bzw. einer Kanzlei**

- **Die Möglichkeit, durch das eigene Tun einen Mehrwert für etwas einbringen zu können und dafür Werschätzung zu erhalten**

- **Die Chance, sich weiterzuentwickeln und neue Erfahrungen zu machen**

Werte und Visionen der Kanzlei kommunizieren

Wenn es darum geht Millennials zu motivieren, sollten Sie mit zukunftsträchtigen Werten und Visionen der Kanzlei begeistern.

Welche Ziele hat sich die Kanzlei bzw. Ihre Praxisgruppe gesteckt und wie kann der Millennial dabei unterstützen? Auch wenn die Kanzlei insgesamt keine klaren Ziele definiert hat, warten Sie mit Ihrer Praxisgruppe nicht zu lange darauf. Sicher wird es Ihnen trotzdem möglich sein, für Ihren Bereich das ein oder andere Ziel festzulegen, ohne die Gesamtstrategie der Kanzlei negativ zu beeinflussen.

Den eingebrachter Mehrwert und Nutzen erkennbar machen

Viele Studien zeigen, dass die Themen „Erkennbarer Nutzen der Arbeit" und „Verweildauer der Mitarbeiter im Unternehmen" zusammenhängen. Ihre Associates möchten sehen, dass sie selbst einen Mehrwert und Nutzen durch ihre Arbeit in die Kanzlei eingebracht haben.

Das bedeutet für Sie als Führungskraft, dass Sie die Ergebnisse junger Mitarbeiter wertschätzen sollten.

Und nicht nur das, lassen Sie sie wissen, dass sie einen Mehrwert für die Kanzlei oder Praxisgruppe leisten. Die manchmal noch vorhandene Mentalität von Partnern, dass man sich Respekt als Associate erst einmal verdienen sollte, kann in dieser Generation große Demotivation auslösen.

Daher sollten Sie die Leistung der Ypsiloner unabhängig von Alter oder Stellung in der Kanzlei würdigen. Erfolgsversprechender ist es, wenn Sie Feedback oder neue Ideen des Mitarbeiters annehmen, gute Leistungen belohnen, egal von wem sie kommt und demjenigen Weiterbildungsmöglichkeiten anbieten, der sie verdient hat, und nicht demjenigen mit der höchsten Zugehörigkeit.

Professionelle Weiterbildung und neue Impulse anbieten

Beispiel:

Dr. Lisa Trott arbeitet seit einigen Monaten in einer Berliner Kanzlei. Sie ist mit zwei Prädikatsexamen eine begehrte Mitarbeiterin für Kanzleien. Das ist ihr schon im Referendariat und auf den Bewerbermessen aufgefallen. Umso mehr ist sie überrascht darüber, wie unterschiedlich die Kanzleien sich nach außen verkaufen und das einige von ihnen noch gar nicht verstanden haben, worauf es ihr und vielen ihrer Kommilitonen beim Arbeitgeber ankommt.

Sie selbst hat sich viele Kanzleien angesehen und mit ihnen gesprochen. Die Sympathie und Authentizität im Auftritt ist ihr immer sehr wichtig und insofern hat sie sich nur weiter mit Kanzleien beschäftigt, wo dieses passte. Ihre persönliche Weiterentwicklung liegt ihr sehr am Herzen. Daher achtet sie bei der Auswahl auch immer darauf, was die Kanzlei in diesem Bereich anbietet. Fast jede bietet mittlerweile Seminare an. Bei einigen hat sie aber das Gefühl, dass diese fast wahllos und ohne inhaltlichen Zusammenhang ausgewählt werden. Andere Kanzleien bieten hier ein ernsthaftes und strukturiertes Vorgehen und führen neben den Kursen auch noch individuelles Coaching durch. Gerade das hat Dr. Trott dazu veranlaßt, sich mit einer Kanzlei ganz besonders zu beschäftigen.

Ob die Erwartung an die Weiterbildung sich dann auch im Alltag tatsächlich so realisiert wie erwartet, bleibt abzuwarten. Zunächst hat sie aber das Gefühl, dass ihre Wünsche und Bedürfnisse erkannt und beantwortet werden.

Beispiel:

Rechtsanwalt Zenk ist enttäuscht. Auch er gehört zu der jungen Generation der Anwälte, die sich gerne weiterbilden möchten. Seine Kanzlei biete viermal im Jahr ein Seminar zu verschiedenen Themen an. Herr Zenk ist sehr daran interessiert und es ist ihm auch versprochen worden, dass er daran teilnehmen darf. Die Realität sieht allerdings ganz anders aus.

Immer dann, wenn er sich zu einem Kurs anmeldet und sein Chef davon erfährt, kommt etwas dazwischen. Nach außen tut sein Partner immer so, als ob er diese Art der Fortbildung sinnvoll findet und unterstützt. Al-

lerdings boykottiert er die Teilnahme seiner Associates immer. Es steht an diesem Tag einfach viel Arbeit an oder aber es wartet der Mandant auf eine Antwort, es gibt immer einen guten Grund, abzusagen.

Was soll also das ganze Seminar- und Weiterbildungsangebot der Kanzlei, wenn die Partner nicht unterstützten, dass die Associates auch daran teilnehmen können?

Arbeitnehmer der Generation Y wollen neue Impulse, sie schätzen die Möglichkeit, neue Erfahrungen zu machen. Daher liegt es nahe, dass ein professionelles Weiterentwicklungsprogramm bei den jungen Associates einen hohen Wert hat.

Locken Sie Millennials mit den erforderlichen Fähigkeiten, die sie in den Seminaren lernen und die für ihre Karriere entscheidend sind und stellen Sie die Seminare und Workshops klug und sinnvoll aufeinander aufbauend zusammen. Einzelne, punktuelle Veranstaltungen, die heute manchmal zur schnellen Befriedigung der Mitarbeiter angeboten werden („wir haben damit unsere Pflicht getan") werden dauerhaft nicht ausreichend sein. Schnell werden die Mitarbeiter bemerken, ob die Weiterbildung ernsthaft gemeint ist, oder als reines Marketinginstrument genutzt wird.

Wenn Sie in die berufliche Entwicklung investieren, motivieren sie Millennials. Im Gegenzug erhalten Sie etwas zurück, nämlich hervorragende Leistung.

Moderne Strukturen und Prozesse implementieren

Da die jüngere Generation, auch Digital Natives genannt, mit Technik aufgewachsen sind und es gewohnt sind, ständig aktuell informiert zu sein, schneidet der Arbeitgeber bei ihnen am besten ab, der bereit ist, den digitalen Ansatz auch selber zu leben.

Soweit es Ihre eigenen Strukturen und Prozesse hergeben, sollten Sie moderne Arbeitswerkzeuge einsetzen, wie zum Beispiel mobile Apps oder Tools, die flexibles und papierloses Arbeiten ermöglichen, um das Team zu vernetzen. Optimierte, innovative Arbeitsabläufe gepaart mit einer adäquaten Work-Life-Balance gelten als wichtige Pluspunkte bei der Arbeitgeberauswahl.

Sich selbst weiterentwickeln

Beispiel:

Rechtsanwältin Sorge ist Partnerin in einer Hamburger Kanzlei. Auch sie hat in den letzten Monaten festgestellt, wie schwer es ist, gute Associates für ihren Bereich zu finden. Die neuen Werte der Generation Y hat sie verstanden, steht aber immer noch vor der Frage, wie genau sie diese beantworten soll.

Mittlerweile hat sie das Gefühl, dass nur noch sie in ihrem Bereich so richtig arbeitet. Sie würde auch gerne mehr Freizeit haben, auf Fortbildungen fahren und hin und wieder mehr Wertschätzung erfahren, aber sie hat das Gefühl, dieses alles an ihre Mitarbeiter weitergeben zu müssen. Zurück bleibt sie, die die Arbeitsspitzen alleine auffangen muss.

Alle sprechen von einem Wertewandel und das man als Partner diesem gegenüber offene gegenüber stehen soll. Aber warum soll es den jungen Berufsträgern so viel besser gehen als ihr selbst? Eigentlich ist das System doch so gedacht, dass nach vielen Jahren der harten Arbeit sie sich als Vorgesetzte etwas mehr zurücklehnen darf und die jungen Mitarbeiter am Zuge sind. Aber das Gegenteil scheint der Fall zu sein. Sie hat für sich darauf noch keine richtige Antwort gefunden.

Beispiel:

Rechtsanwalt und Partner Prey erlebt die neue Generation ganz anders. Er hat auch das Gefühl, dass bei seinen Kollegen in der Kanzlei die eigentliche Aussage der Generation Y immer noch nicht angekommen ist. Er vermutet, dass die meisten Partner nicht bereit oder in der Lage sind, ihr Arbeits- und Kommunikationsverhalten zu ändern.

Er hat viele Leistungsträger in seinem jungen Team. Diese sind auch bereit, bis spät abends oder am Wochenende zu arbeiten und sich voll zu engagieren. Das setzt allerdings voraus, dass er in einem sehr engen Austausch mit jedem Einzelnen steht. Er betrachtet seine Mitarbeiter als Sparrings- und Kooperationspartner. Sie entwickeln gemeinsam Lösungen und er gibt jedem die Chance, schnell Verantwortung zu tragen und einen Mehrwert zu schaffen. Er selbst muss als Partner nicht an der Spitze stehen und dieses den anderen jeden Tag wieder deutlich machen. Seine Mitarbeiter respektieren ihn und folgen auch seinen Wünschen, über die manchmal viel diskutiert wird. Er hat keine Scheu davor, auch die Junior Associates schnell groß zu machen. Seinen eigenen Wert zieht er nicht aus der Hierarchie und dem „ganz oben stehen". Ganz im Gegenteil, seitdem er seine Mitarbeiter mehr mit einbezieht hat auch er das Gefühl, dass der Spaß an der Arbeit wieder gestiegen ist und er durch die Jüngeren den ein oder anderen neuen spannenden Aspekt dazu gewinnt.

Alle genannten Angebote und Ansätze können nur dann greifen und erfolgreich sein, wenn Sie als Führungskraft bereit sind, sich selbst auch zu verändern.

Dazu ist es nicht erforderlich, dass Sie die neuen Werte der Generation Y auch übernehmen und als die Ihrigen nehmen. Entscheidend ist aber, dass Sie sich in die Rolle und das Lebensgefühl Ihrer Mitarbeiter versetzen können und bereit sind, auf diese Bedürfnisse einzugehen. Vielleicht gelingt es Ihnen, diese zunächst störende neue Herausforderung auch als bereichernden, neuen Ansatz zu werten.

Dazu sollten Sie viel in Kontakt mit der Generation Y treten und genau zuhören, worauf es diesen ankommt. Vielleicht ist es möglich, gemeinsam in einem Praxisgruppenworkshop zu erarbeiten, wie genau Erwartungen und Wünsche aneinander lauten und man diese gemeinsam befriedigen kann. Natürlich immer mit Blick auf den Mandanten und die Kanzleistrukturen, die in diesen Fragestellungen mit einbezogen werden müssen. Durch diesen offenen Austausch haben Sie die Möglichkeit, auch die Grenzen aufzuzeigen, die durch in- und externe Strukturen definiert sind.

Was genau möchten Sie an Ihrem Führungsverhalten verändern?

Welche Führungswerkzeuge möchten Sie ab sofort einsetzen und optimieren?

Wie kontrollieren Sie Ihren Erfolg in Sachen Führung?